T0118796

du courage

© Éditions Les Belles Lettres,
collection « encre marine » 2010
ISBN : 978-2-35088-024-2

thomas berns

laurence blésin

gaëlle jeanmart

du courage

une histoire philosophique

encre marine

Cette publication a bénéficié
du soutien de la Fondation Bernheim
(Bruxelles)

Thomas BERNS
est maître de conférences
à l'Université Libre de Bruxelles
et auteur de Gouverner sans gouverner *(PUF, 2009).*

Laurence BLÉSIN
est chercheuse
au Centre de Philosophie du Droit
de l'Université de Louvain.

Gaëlle JEANMART
est maître de conférences
à l'Université de Liège
et auteur d'une Généalogie de la docilité *(Vrin, 2007).*

*Tous trois développent depuis plusieurs années
une recherche collective sur le courage
dans le cadre de la Fondation Bernheim (Bruxelles).*

Sommaire

p. 11   Introduction

p. 21   I. Les morales du courage
         Le courage des Anciens

p. 21   1. NAISSANCE D'UNE CONCEPTION MORALE DU COURAGE DANS
            LA GRÈCE ANTIQUE
p. 27   a. Le courage militaire et viril
p. 33   b. Le courage héroïque
p. 45   c. Le courage comme maîtrise de ses peurs et de ses désirs
p. 51   2. LE COURAGE DE LA VÉRITÉ DANS LA PHILOSOPHIE MORALE
p. 59   a. Le courage comme objet de la réflexion philosophique
p. 70   b. Le courage comme attitude philosophique
p. 93   3. LE COURAGE COMME EFFORT PATIENT
p. 96   a. Vice et vertu : le courage et le découragement
p. 108   b. Psychologie du courage

p. 123   II. Les politiques du courage
         Le courage des Modernes

p. 123   1. LES PASSIONS MODERNES : LA PEUR ET L'INTÉRÊT
p. 133   2. LE COURAGE COMME SAISIE DE L'OCCASION
p. 140   3. LE COURAGE COMME EXCÈS
p. 149   a. Machiavel et l'aristotélisme : courage ou modération
p. 159   b. Machiavel et l'augustinisme : courage ou providence
p. 163   c. Machiavel contre les sages de son temps
p. 166   4. ROME, LE RÉPUBLICANISME ET LE CARACTÈRE COLLECTIF
            DU COURAGE

p. 178   5. LE COURAGE COMME CONNAISSANCE
p. 178   *a. Connaître l'occasion.*
p. 186   *b. Penser son actualité : les Lumières*

p. 203   III. Fragilité, risque et incertitude
              Le courage des Contemporains

p. 203   1. L'EXEMPLAIRE ET L'INCERTAIN
p. 205   *a. L'exemplaire*
p. 217   *b. Risque, fragilité, incertitude*
p. 230   2. LE COURAGE COMME HEURISTIQUE DE LA PEUR :
              HANS JONAS
p. 233   *a. Autoproduction de la vulnérabilité et nouvelle res-*
                  ponsabilité
p. 237   *b. Courage et hyperbolique de la peur*
p. 243   3. LE COURAGE DE SE MESURER AU MONDE :
              HANNAH ARENDT
p. 245   *a. Courage, action et pluralité. S'exposer.*
p. 252   *b. Le courage originel d'un co-dévoilement*
p. 253   *c. Le courage collectif : assumer les conséquences*
p. 258   4. COURAGE ET CONFIANCE SOCIALE :
              JOHN DEWEY
p. 261   *a. Le courage comme vertu de l'intellectuel en prise*
                  avec son temps
p. 269   *b. Courage et dispositifs de confiance sociale*
p. 273   *c. Courage, affectivité et engagement : la construction*
                  du « public »

p. 285   Conclusion
p. 291   Orientations bibliographiques

Introduction

COMMUNÉMENT, le courage est admiré comme une vertu cardinale, la vertu des héros – et qui n'admire pas les héros ? Chaque société semble avoir besoin de son panthéon de braves pour construire son histoire et sa morale. La nôtre n'échappe pas à ce besoin, d'autant moins peut-être que la morale, les principes constitutifs de la vie sociale et les grands récits semblent désormais ce qui ne peut plus se dire, ou en tout cas ce qui ne peut se dire de manière directe et explicite, quand bien même certains croient, à tort ou à raison, que l'on ne peut s'en passer : à ce titre, les héros seraient rendus nécessaires soit par une paresse de la pensée, soit par une faiblesse inhérente à la vie sociale.

On pourrait penser que le prestige dont ces braves et ces héros jouissent ne dépend ni des sociétés ni des époques. Cette histoire philosophique des conceptions du courage en Occident fait pourtant la place belle à une approche plus critique car si le courage est incontestablement une vertu, il reste encore à se demander ce que présuppose ce discours sur les vertus. Et si le courage vaut peut-être partout et toujours mieux que la lâcheté, il reste à se demander ce que produit de néfaste le discours sur le courage. N'y aurait-il alors, dans cette valorisation, qu'une forme implicite d'injonction qui ferait pression sur les individus, une injonction culpabilisante, ou, au minimum, une invitation, actuellement particulièrement pressante, à la responsabilisation ? Et ce, sans qu'il soit nécessaire d'interroger les conditions réelles qui permettraient à un certain courage de se déployer. Ne pourrait-on pas au minimum considérer que l'injonction brutale et constante au courage, relayée par les images des héros, est une des modalités les plus fines pour assumer le paradoxe propre au néolibéralisme : agir sur tous les comportements des individus, considérés hors de tout contexte, sans que cette action, dans ce qu'elle a de conditionnante, n'apparaisse pour telle, c'est-à-dire comme la définition d'une morale. À ce titre, les héros sont une ressource magistrale : ils permettent de moraliser sans se référer à une morale.

Par ailleurs, une telle attention éclairant certaines figures spécifiques du courage, celles héroïques ou méritantes, toujours individuelles, n'en cache-t-elle pas d'autres, qui seraient aussi de belles ressources pour la réflexion : des figures plus politiques, plus sociales, plus collectives ? Bref, au minimum deux utilités immédiates, mais qu'il s'agira de faire jouer l'une contre l'autre, d'une histoire philosophique du courage : rendre manifeste la morale du courage *et* en montrer la diversité, les contradictions et les marges.

Le principal enjeu de cette histoire de la notion de courage est donc de débusquer les présupposés sur lesquels repose sa conception commune contemporaine. On pensait le discours philosophique sur les vertus révolu. Or, force est de constater qu'il fait son retour dans les arènes publiques. Et c'est bien toujours d'une conception héroïque et méritante dont il est question. C'est très clairement que l'on ne cesse de valoriser – et par là, d'instituer – de nouvelles figures de héros. Il s'agit toujours de figures individuelles, singulières, de ces individus qui surmontent leurs peurs, qui sont capables de se mettre consciemment en risque pour d'autres ou pour une cause qui les dépasse, des individus capables de se surpasser, et qui se déclinent à travers le pompier, le pionnier, la victime qui résiste, mais aussi le sportif, l'entrepreneur ou le savant. Ce souci est tout aussi prégnant quand il s'agit de discours, ou encore de dispositifs politiques ou sociaux, qui visent à inscrire en chacun d'entre nous, telle une pure injonction, le courage comme mérite ou effort, et ce à partir de ces appels incessants à la responsabilisation de soi. Aujourd'hui, le culte de la performance s'insinue en chaque individu, censé être maître de sa destinée et de son épanouissement. C'est bien là la morale ambiante qui cache, voire paralyse, d'autres sens possibles du courage qu'on peut s'attacher à retrouver dans l'histoire de la pensée politique et morale : des sens plus réflexifs (Platon, Kant, Foucault…), des sens plus collectifs (Machiavel, Arendt…), des sens plus expérimentaux (Dewey…).

Dans la lignée de cet objectif critique de déconstruction des évidences, notre étude de la notion de courage ne s'en tient pas à l'usage d'une terminologie spécifique (*menos, andreia, virtus* ou *virtù*…) ou de corpus où la notion de courage aurait subi une analyse rigoureuse, mais à un certain nombre d'images d'Épinal, de figures emblématiques du courage historiquement situées. Certains corpus auraient à l'inverse paru devoir s'imposer sur la notion, comme ceux d'Aristote pour les Anciens, de Descartes pour les Modernes ou de Jankélévitch pour les Contemporains. Ils sont ici évoqués plus qu'analysés parce que la manière dont ils avaient infusé la conception d'une époque les rendait suffisamment transparents, sans arêtes pour ainsi dire, non préhensibles pour une analyse complexe de la notion de courage, sinon sous la forme du mot d'ordre.

Nous n'avons pas non plus voulu analyser les théories de ceux qu'on appelle d'ailleurs un peu grossièrement les « Anciens », les « Modernes » et les « Contemporains », en pensant par exemple que le courage des Modernes n'aurait jamais été aperçu des Anciens ; nous avons construit ici bien davantage des schèmes d'intelligibilité distincts. La fécondité de ces modèles est de faire ressortir jusques et y compris dans leurs limites ce qui permet de situer un monde par rapport à l'autre. Il s'agit par là une nouvelle fois de déconstruire l'évidence de nos conceptions communes et du discours quotidien des médias et du politique sur le courage par la généalogie de ces évidences et de ces conceptions communes, quitte à en attribuer la paternité à des époques déterminées de manière parfois schématique pour faciliter la lecture de leurs enjeux par l'écart produit par l'historicité de ces figures. Ce faisant, il s'agit de récupérer leur complexité, au sens où ces paternités sont toujours trahies et appauvries par ces amalgames superficiels qui composent nos conceptions communes.

Ainsi, Platon n'est pas la caricature de lui-même ; à travers une divergence entre le Platon d'Arendt et celui de Foucault notamment, des tensions se font jour à l'intérieur même de l'œuvre de Platon, et, à côté du Platon nomothète classiquement présenté, se dessine un Platon radicalement moderne, qui assigne au philosophe un rôle critique à l'égard du pouvoir exigeant de lui un certain courage. De même pour Machiavel, par exemple, mettre en évidence les déplacements qu'il produit par rapport à la pensée aristotélicienne, mais aussi la spécificité de sa pensée par rapport à la philosophie moderne en l'inscrivant dans une tradition républicaine, permet de situer l'utilité *et* les limites de la notion de courage pour penser le politique. Cette complexité des figures anciennes et modernes du courage permet alors de complexifier à son tour les évidences que porte le discours contemporain sur le courage, sur la responsabilité et sur l'engagement, et de réinterroger le rôle du philosophe et la manière dont il perçoit sa tâche propre.

L'opposition entre les Anciens et les Modernes, de ce point de vue, ne sera pas le fruit de l'examen minutieux d'un grand nombre de corpus qui auraient été parcourus d'une lecture littérale ; c'est plutôt le fruit d'une volonté de couvrir les principales représentations du courage à travers l'histoire, de dessiner les tensions fondamentales entre ces représentations et d'indiquer les déplacements qui peuvent être produits pour cerner les enjeux des débats contemporains. L'opposition doit à terme être maintenue et non évacuée entre Modernes et Anciens, et ainsi entre les réponses différentes qu'ils offrent à ces questions.

Dès lors, nous privilégions une approche par thématiques à une approche strictement historique, érudite et encyclopédique. Quelques questions et problèmes traversent ce livre sur ces trois périodes, dont nous étudions les diverses réponses fournies au cours du temps. Le problème des liens du courage à la vérité ou à la connaissance : le courage est-il spécifiquement lié à l'action plutôt qu'à la pensée ? Faut-il connaître pour agir ? Est-ce la connaissance qui pousse à l'action ? La question des diverses conceptions du temps engagées dans la notion : le courage est-il un geste d'éclat, purement inaugural, ou l'endurance et la persistance d'un effort ? Le problème des liens de la philosophie avec le courage : y a-t-il pour le philosophe un devoir de courage ? Y a-t-il pour la philosophie un rapport particulier à la notion de courage qui l'amènerait à préciser la nature de sa tâche ? Le questionnement sur cet autre nécessaire au courage : la paresse ou la peur, et la peur de quoi ? Est-ce de la mort ou au contraire de la vie même ? Le problème d'une expression proprement politique du courage qui sortirait la notion du cadre d'une théorie des vertus : cette « politique du courage » est-elle en jeu dans la visibilité même du courage ou, au contraire, dans l'anonymat possible d'un geste qui n'est dès lors plus héroïque ? Y a-t-il place pour une politique du courage dans le discours éthique sur les vertus, ou le courage désigne-t-il paradoxalement une vertu non éthique, purement politique ? De manière plus générale, ce livre travaille à explorer la limite entre éthique et politique, et les limites entre un monde privé, tournant autour d'un pur rapport à soi, et un monde public, où la gestuelle d'un individu doit être ramenée à un sens plus large que celui d'une existence singulière et à des enjeux plus collectifs.

L'influence privilégiée dans cette histoire de certains auteurs, comme Hannah Arendt et Michel Foucault, tient à une certaine philosophie de l'histoire que nous aurions en partage avec ces auteurs. D'Arendt, nous avons retenu le rapport problématique de la philosophie à la politique et le rapport de la théorie à la pratique, problématisé à travers une histoire de ce rapport entre philosophie et politique. À travers une réflexion sur cette notion de courage, Arendt permet de percevoir que la philosophie teste sa limite et interroge la nature de sa tâche.

De Foucault, nous avons retenu non seulement une attention aux moments réflexifs où savoir et pouvoir se croisent, mais surtout une conception des fonctions de l'histoire qui tient à une précaution ou une prévention contre la tendance humaine à naturaliser des problèmes qui se posent dans des termes dont nous héritons, et qui sont donc historiquement déterminés. L'histoire a, selon Foucault, pour fonction de sortir de nos évidences en en traçant la genèse car si les évidences ont une histoire, elles ne sont pas atemporelles. Faire l'histoire d'une notion, c'est se la rendre étrange, même dans ce qui est au plus proche. C'est à ce prix que sont possibles une ouverture à de nouvelles formes de courage et ce sont ces nouvelles expériences

sociales et collectives de courage que Dewey appelle
de ses vœux.

I. Les morales du courage
Le courage des Anciens

1. Naissance d'une conception morale du courage dans la Grèce antique

D'ENTRÉE DE JEU, il faut faire deux avertissements qui situeront le propos de ce chapitre sur les morales du courage. *Premièrement*, pour pouvoir parler d'une « naissance » du courage comme notion morale, nous supposons qu'une société peut porter et mettre à son panthéon un certain nombre de « valeurs » sans que pour autant ces valeurs soient proprement « morales ». Autrement dit, nous n'entendons pas ici la « morale » dans son sens seulement étymologique, en référence à des us et coutumes, à des habitudes qui incarneraient la « vertu » de l'individu en tant qu'elle peut être reconnue par ses pairs. Nous ne comprenons pas la « morale » comme ce qu'il est requis à chacun de faire par son statut social. La conception de la morale sur laquelle nous nous appuyons ici pour parler de la naissance d'une morale du courage repose sur deux hypothèses, qui sont, selon nous, les pré-requis de la morale : d'abord, qu'il existe une distinction entre le juste et l'injuste (distinction absolue, à la différence de la distinction entre grand et petit qui est relative) ; et ensuite, que tout être humain sain d'esprit est capable d'effectuer cette distinction. Le comportement moral est alors la détermination de soi dans et par une action qui tend au juste. La morale est ainsi toujours liée à l'idée d'une liberté pensée comme détermination volontaire et consciente de soi-même. Elle n'est identifiable ni aux us et coutumes, ni à un code de conduite, mais bien à la manière dont un sujet a rapport à lui-même pour être à la source d'un acte bon.

Le *deuxième* point sur lequel nous voulons insister ici, c'est la parenté profonde de la morale et de la guerre dans l'Antiquité grecque et ses conséquences.

La conception morale a en effet de si étroites paren-
tés avec le thème de la guerre qu'il est justifié de se
demander si ce n'est pas l'importance sociale et my-
thique de la guerre pour des Grecs, organisés en petites cités rivales et jalouses de leur indépendance, qui
a ouvert la possibilité d'une pensée proprement morale. Le bien n'est pas donné, ni le bonheur d'ailleurs ;
ils s'acquièrent de haute lutte. La morale est pensée
comme un combat et le courage, comme une condition de cette lutte morale puisque sans courage, on
refuserait de combattre tout simplement par manque d'énergie. Le courage est, comme la morale, du
côté de la résistance, c'est une manière singulière de
se poser et de s'opposer à autrui et à soi-même. Se
déterminer, c'est d'abord combattre l'indétermination et la détermination machinale ou extérieure ; la
condition de cette détermination de soi réside dans
une certaine « force » d'âme qui définit précisément
le courage. Le rôle central de la guerre et de l'opposition dans la structuration d'une société détermine
ainsi corrélativement celui du courage dans la morale et celui des arts rhétoriques agonistiques, éristi-
ques ou dialectiques dans la culture.

Nous entreprendrons dans ce chapitre de tracer l'évolution des conceptions de la guerre en Grèce antique et la naissance, puis l'évolution, des conceptions de la « morale » qui l'accompagnent. Homère et Platon nous permettront de mettre au jour deux conceptions très différentes du rôle du courage à la guerre et ainsi du courage lui-même dans la morale grecque. L'héroïsme homérique lie le courage à la visibilité du geste d'éclat et de l'exploit guerrier. Cette réflexion sur l'héroïsme sera l'occasion d'examiner le lien entre le courage et l'Histoire dans la lignée des travaux de Hannah Arendt ; elle lie en effet la valorisation homérique de l'héroïsme à une conception de l'Histoire particulière : une Histoire dont les hommes ne sont pas les agents, qui sous-tend ainsi l'idée d'une Providence, d'une main invisible. Ce lien entre héroïsme et Histoire repose aussi sur une certaine idée de la politique, conçue comme lieu de visibilité : le courage alors, ce n'est pas d'« agir », mais d'être visible sur une scène publique, et par excellence à la guerre, que l'on soit ou non « responsable » et « maître de ses actes ».

Nous tenterons alors de déterminer la place de ces notions de responsabilité et de maîtrise de soi dans la constitution de la morale et de voir comment une conception de l'éthique centrée sur le sujet rompt précisément avec la politique pensée comme visibilité. Se dessine ainsi dans notre réflexion un premier mouvement, qui va d'Homère à Platon et de ce courage politique, défini par la visibilité d'un acte sans motifs et sans intentions, à un courage proprement moral parce qu'il réintroduit à la source de l'acte un rapport à soi tournant autour de la recherche de la vérité et du juste.

Un second mouvement se dessinera ensuite, interne à l'œuvre platonicienne cette fois, et qui trahit l'exigence platonicienne de réintroduire le courage éthique dans le champ politique. Nous explorerons alors dans un deuxième chapitre la limite entre politique et éthique en interrogeant la possibilité d'une philosophie politique du courage, qui naîtrait de la parenté de la morale et de la guerre et qui maintiendrait les nouvelles notions morales de responsabilité, de maîtrise de soi et de visée intentionnelle. La question ouverte dans ce chapitre par ce second « mouvement » est celle de la tâche propre du philosophe, à la fois comme pédagogue, capable de fonder le courage sur une différence éthique dans le cadre d'une relation au disciple, et comme penseur engagé, ayant à réintroduire cette différence éthique dans l'arène publique. Cette question débouche alors sur une autre : celle des liens que le courage peut ou doit entretenir avec la vérité, et sur une évaluation du rôle politique du philosophe dans l'Antiquité, qui exigerait de lui un certain courage de dire la vérité face au tyran ou à l'assemblée du peuple. Cette question des liens du courage à la vérité et au savoir sera reprise aux autres périodes de l'histoire sous des angles divers ; elle constitue donc un des fils à suivre pour voir se dessiner les tensions d'une histoire du courage par problèmes ou questions philosophiques.

L'idée de la quête morale comme une guerre reste le modèle dominant la compréhension que les chrétiens ont de l'éthique. Nous interrogerons, dans un troisième chapitre, les ruptures néanmoins introduites dans cette conception commune du courage, et plus largement de la morale, par des valeurs résolument étrangères aux Grecs telles celles d'humilité, de renoncement à soi et d'abandon. Quelle est cette force de commencer, de résister, constituant le courage et qui vient pourtant d'un rapport à soi fait de renoncement et d'abandon ? Le courage laborieux est-il encore fondé sur une conception fondamentalement

antagoniste du rapport du sujet à l'autre et au monde ?
Est-ce que résister, c'est nécessairement s'affirmer
comme sujet d'un acte ?

Nous marquerons les tensions profondes qui existent entre le courage héroïque d'Homère, le courage
lucide de Platon et le courage discret et laborieux
d'Augustin. Car marquer ces tensions, c'est détricoter
le motif mêlé de nos conceptions implicites du courage, qui est tout à la fois héroïque et clairvoyant,
tour à tour éclatant ou discret, unique ou quotidien,
sans qu'on perçoive l'incompatibilité entre les valeurs
et systèmes de pensée à la source de nos diverses représentations du courage.

a. Le courage militaire et viril

Avant d'entrer dans le détail des différentes visions
du courage qu'offre l'étude des œuvres antiques, nous
souhaitons en donner les *a priori* en traçant son motif structurel. Il y a en effet, dans toute idée du courage, un fond de présupposés, que tracent aussi les
connotations du mot dans une langue donnée. Il y a
un réseau de liens intimes que cette notion entretient
avec une série d'autres, qui en détermine profondément le sens, sans pour autant relever d'une pensée

organisée, ni même consciente. Ainsi, en Grèce, le courage est toujours lié au thème de la guerre, et pour cette raison, toujours viril.

Depuis les études de G. Dumézil, qui ont marqué un tournant dans l'étude de la société grecque traditionnelle par leur volonté de trouver non seulement des traits et des thèmes, mais même des structures générales communes à plusieurs peuples indo-européens, on considère classiquement que toutes les sociétés indo-européennes s'ordonnent selon trois fonctions nettement délimitées : la fonction souveraine ou spirituelle, réservée au prêtre souverain et représentée dans les différents panthéons par les figures de Zeus, Jupiter, Mitra et Odin ; la fonction guerrière responsable de l'ordre et représentée par Arès, Mars, Indra et Tyr ; et la fonction nourricière, productrice des richesses, spécifique des dieux Poséidon, Quirinus, Nasatya et Njördr. Cette catégorisation des différents panthéons se retrouve aussi dans l'organisation sociale et dans la distribution des rôles aux différentes classes ou castes sociales. Dans la *République*, Platon renoue avec cette conception traditionnelle de la société en proposant une cité divisée en trois groupes d'hommes aux fonctions précisément liées à l'exercice de la souveraineté d'une part, à l'art martial d'autre part, et enfin à la production et à la reproduction.

Cette idéologie tripartite et la spécialisation des fonctions qu'elle implique est utile pour une étude de la notion de courage, dans la mesure où elle signifie qu'il y a une caste d'hommes pourvue d'un statut social particulier, une aristocratie militaire soumise à un entraînement physique et dotée d'une psychologie différenciée. Le trait marquant de cette « psychologie » du guerrier, c'est précisément sa capacité à être courageux, c'est-à-dire apte à assurer la défense du peuple. Le courage est donc défini et rendu possible par une position sociale. Et cette « psychologie » n'est pas une question de caractères et de dispositions individuelles, mais de catégories sociales. Le guerrier est celui que sa position sociale oblige à se forger une éthique comme condition d'existence et commencement de soi, au même titre que le paysan apprend sa sagesse de la terre et que le politique tire leçon des faiblesses et des passions humaines. Cette distribution sociale des vertus attribue naturellement le courage au guerrier, la patience au paysan et l'intelligence rusée au politique. Mais on pourrait considérer que le courage est ici la seule véritable vertu au sens où il est tiré de soi-même et non d'un rapport premier (et passif) à la nature ou à la foule qu'il faudrait dompter. Ainsi, si la morale est martiale en son origine, c'est sans doute qu'alors que les règles de leur activité sont imposées au paysan et au politique de l'extérieur, le guerrier est voué au chaos, à la fureur, et c'est alors « de l'intérieur de lui-même qu'il devra apprendre la limite »[1]. On peut donc dire que la nécessité de se déterminer soi-même naît de la guerre et qu'il ne faut pas seulement présenter la morale comme intrinsèquement martiale, comme l'un des arts du combat en somme, mais aussi voir plus localement dans le champ de bataille le lieu du développement d'un rapport à soi qui définirait proprement la morale : un rapport à soi modelé positivement, par l'exigence d'agir bien et négativement, par l'exigence de ne pas se laisser entraîner sur la pente de ses désirs et de ses craintes.

Si la guerre est le lieu du courage, seul l'homme peut être courageux. Symptomatiquement, dans le panthéon grec, il existe une complémentarité mythologique de la guerre et du mariage : ce panthéon abrite des couples formés par Arès et Aphrodite,

1. F. Gros, *État de Violence. Essai sur la fin de la guerre*, Paris, Gallimard, 2006, p. 19. Références mentionnées désormais sous la forme : *EDV*.

Polemos et Philia, Neikos et Harmonia, Éris et Éros – couples qui symbolisent la correspondance entre les rites qui préparent les garçons à la guerre et les filles au mariage[1]. Le mariage est en somme à la femme ce que la guerre est à l'homme : ce qui leur permet de réaliser leur caractère sexué. Le courage manifeste la virilité de l'homme et la guerre est donc la condition pour l'homme de la réalisation de soi, de la même manière que le mariage est pour la femme la seule manière de se montrer femme et de se réaliser en tant que telle. Celle qui renonce au mariage se trouve naturellement rejetée du côté des guerriers, ainsi des Amazones ou d'Athéna, qui, guerrières, sont vouées à la virginité.

L'étymologie du terme « courage » délivre le même message : le terme *andreia* se rapporte à *anèr* (le mâle), mot issu de l'indo-européen *-ner* dont sont issus également les termes latins *neutron* (la fibre) et *nervus* (le tendon, la corde, l'arc). Et même si c'est d'une autre racine, *vir,* que les Romains tirent leur terminologie du courage, le registre de sens est bien le même : *vir* désigne d'abord l'homme par opposition à la femme et ensuite la *virtus,* le courage et plus généralement la

1. J.-P. Vernant, *Problèmes de la guerre dans la Grèce ancienne,* Paris, Mouton, 1968, p. 15.

vertu. Cette parenté entre le courage et la virilité semble avoir motivé l'élévation du courage au rang de vertu par excellence et de condition d'expression de toute vertu. Le thème du courage est ainsi devenu un thème béni des *gender studies* puisque ce que l'on a dénommé « la vertu », c'est-à-dire la qualité intime qui illustre un sujet, son excellence, sa capacité à se rehausser en direction de son humanité, conserve en son nom une virilité fondamentale. En faisant du courage une vertu emblématique, la morale antique semble donc avoir exclu la femme de l'acte moral par vocabulaire, sinon par principe.

Ces caractéristiques forment en quelque sorte le socle impensé à partir duquel la notion de courage va progressivement s'élaborer pour entrer dans les valeurs éducatives et philosophiques de la Grèce antique. C'est en partant de là qu'on peut comprendre le sens de l'évolution de la notion, qui amènera des précisions, des éclairages, et des modifications à ces deux aspects premiers, primaires même, du courage. C'est à partir de ce double socle qui lie le courage à la guerre et à l'expression de la virilité que l'on pourra esquisser les étapes de la naissance d'une conception morale du courage et tracer l'évolution des conceptions qui a fait entrer la notion de courage dans le vocabulaire philosophique, avec les déformations que cela entraîne par rapport à la conception commune.

b. Le courage héroïque

Le courage homérique manifeste l'idéal héroïque de la distinction : il faut « être toujours le meilleur et supérieur aux autres », comme le recommande le vieux Pélée à son fils Achille au chant XI de l'*Iliade*. Ce qui caractérise l'idéal héroïque, c'est la volonté d'incarner le geste parfait, c'est-à-dire celui qui ravira l'admiration du seul milieu compétent pour juger de la valeur d'un homme : celui des braves. Le héros homérique vit et meurt pour incarner une qualité d'existence que symbolise ce mot intraduisible : l'*aretè*. La mort constitue l'épreuve et la preuve du courage héroïque et de l'*aretè*. Elle distingue un homme des autres, comme leur étant supérieur. Et la guerre est le lieu naturel où s'opère cette distinction.

Ce courage de l'exploit héroïque a quatre autres caractéristiques, qui sont liées à cette première fonction essentielle de la guerre de sortir un individu de l'anonymat :

1) Il est très physique, toujours lié à la force, au *thumos* ou à l'ardeur. Ainsi, un des termes les plus fréquemment employés par Homère pour désigner l'acte courageux, *menos*, signifie à la fois la forme physique et l'ardeur au combat. Dumézil parle de cette sorte de jubilation de l'énergie de vaincre et d'agir :

> « Ivres ou exaltés, [les héros homériques] doivent se mettre dans un état nerveux, musculaire, mental qui multiplie et amplifie leurs puissances [...] ; consacrés à la Force, ils sont les triomphantes victimes de la logique interne de la Force, qui ne se prouve qu'en franchissant des limites, mêmes les siennes, mêmes celles de sa raison d'être, et qui ne rassure qu'en étant non seulement forte devant tel ou tel adversaire, dans telle ou telle situation, mais forte en soi, la plus forte[1]. »

Le héros se distingue par la force brutale et l'énergie, de sorte que, dans le courage ardent du *thumos*, la tentation de l'abîme est ouverte. La fureur est là, toute proche et le héros courageux, pas loin d'être un dément. Car il est toujours possible que la force sombre, il est possible que le combattant, oscillant entre bête et dieu, soit pris d'un vertige.

1. G. Dumézil, *Heur et malheur du guerrier*, Paris, Flammarion, 1992, p. 97.

2) Le courage héroïque est aussi un courage éminemment visible parce qu'il n'est qu'extériorité et manifestation – au point où il n'y aurait aucune expérience intime du courage, et en conséquence pas même la possibilité d'une véritable psychologie du courage. Dans son ouvrage sur *La Découverte de l'esprit*, B. Snell[1] soulignait en effet qu'Homère n'avait pas de représentation de la vie intérieure, que les mouvements internes et les émotions n'étaient jamais distincts des mouvements extérieurs les manifestant – particulièrement dans l'*Iliade*. Le courage homérique est de la même façon tout en extériorité. Il est dans une gestuelle, pas dans un état de l'âme. Il est comme la lumière, la qualité de visibilité d'un être. Le courage est surtout de s'exposer en public, sous la lumière du jugement des autres. La guerre est son élément naturel pour la raison que, comme le souligne F. Gros, elle est publique

« pas au sens où elle oppose deux États, deux puissances étrangères comme on dit, mais parce que son élément naturel est cette lumière, cette visibilité. Théâtre fondamental de la guerre : scène ou tribunal »[2].

1. B. Snell, *Die Entdeckung des Geistes*, Hambourg, 1946.
2. F. Gros, *EDV, op. cit.*, p. 22.

Aussi, si ce sont naturellement les hommes qui sont courageux, c'est parce que ce sont eux qui sont visibles, de cette seule visibilité qui compte : la visibilité citoyenne, politique et guerrière. Et si la vertu est masculine en son nom et en son origine, c'est bien parce qu'elle renvoie d'abord à la visibilité publique d'un individu, à laquelle la femme, assignée à demeure, ne peut pas prétendre. Ce n'est qu'ultérieurement, dans la morale chrétienne, que la vertu signifiera une qualité intime, intérieure, « privée » et pas nécessairement visible de l'âme humaine, réintégrant ainsi les femmes au rang des vertueux.

Les lectures qu'Hannah Arendt et Michel Foucault ont faites de la démocratie grecque ont permis de souligner cette manière particulière qu'elle avait d'être publique, de sorte qu'être citoyen dans cette démocratie, ce n'était pas d'abord être protégé et avoir des droits, mais s'exposer et avoir des devoirs. Foucault a été sensible au fait qu'en Grèce, on n'exerce sa citoyenneté qu'avec du courage et que ce courage n'est autre que celui de se poser visiblement face aux pairs. Et Arendt a donné à cette idée du courage de s'exposer une signification politique fondamentale :

> « L'idée de courage, qualité qu'aujourd'hui nous jugeons indispensable au héros, se trouve déjà en fait dans le

consentement à agir et à parler, à s'insérer dans le monde et à commencer une histoire à soi. Et ce courage n'est pas nécessairement, ni même principalement, lié à l'acceptation des conséquences ; il y a déjà du courage, de la hardiesse, à quitter son abri privé et à faire voir qui l'on est, à se dévoiler et à s'exposer[1]. »

Ce courage originel, sans lequel ne seraient possibles ni l'action, ni la parole, est la condition de toute vie humaine parce c'est par la parole et l'action que les hommes se distinguent au lieu d'être simplement distincts, c'est-à-dire que c'est par la parole et l'action que les hommes vivent réellement au milieu de leurs semblables :

> « C'est par le verbe et l'acte que nous nous insérons dans le monde humain, et cette insertion est comme une seconde naissance dans laquelle nous confirmons et assumons le fait brut de notre apparition physique originelle[2]. »

L'homme n'existe véritablement que lorsqu'il se présente en face de ses pairs et le courage n'est rien d'autre que cette exposition de soi à la lumière d'un monde commun.

---

1. H. Arendt, *La Condition de l'homme moderne*, trad. G. Pradier, Paris, Calmann-Lévy, « Agora », 1983, p. 244-245. Références mentionnées désormais sous la forme : *CHM*.
2. *Ibid.*, p. 233. Voir *infra*, partie III, chapitre 3.

3) S'il n'y a pas d'intériorité, il n'y a pas non plus de détermination à l'action, de moment de décision. La décision qui pousse à l'acte courageux vient toujours d'ailleurs que du for intérieur ; comme le dit M. Canto, il « fleurit de façon inexplicable, comme un miracle »[1]. Et les responsables de ces miracles, ce sont les dieux qui insufflent au héros le *menos* nécessaire à l'exploit :

> « Si tu es fort, c'est qu'un dieu t'a donné la force[2]. »
> « Athéna aux yeux glauques souffla (*empnein*) l'ardeur (*menos*) dans le cœur de Diomède[3]. »
> « Apollon souffle une grande ardeur dans le pasteur des guerriers, Hector[4]. »

Cette force magique et tout à la fois cette gloire, c'est ce que les Grecs nomment le *kudos* que Zeus ou Athéna attribuent au héros pour qu'il triomphe de tout, dont Benveniste souligne qu'il est tel un talisman de suprématie :

> « L'attribution du *kudos* par le dieu procure un avantage instantané et irrésistible, à la manière d'un pouvoir

1. Cf. M. Canto-Sperber, article « Courage », dans le *Dictionnaire d'éthique et de morale*, Paris, PUF, p. 335.
2. Homère, *Iliade*, I, 178.
3. *Ibid.*, X, 482.
4. *Ibid.*, XV, 262. Cf. également I, 509 ; V, 12 ; V, 496 ; VIII, 139-140 ; XIII, 60 ; XVII, 211 ; XIX, 37 ; XXIII, 772.

magique, et le dieu l'accorde tantôt à l'un, tantôt à l'autre, selon son gré, et toujours pour donner l'avantage au moment décisif d'un combat ou d'une rivalité[1]. »

4) Si le courage héroïque est inspiré, il reste aussi, parallèlement, étranger à la notion de responsabilité. Comme le dit J. de Romilly, l'intervention des dieux dans le combat pour stimuler l'acte héroïque « ôte aux décisions prises leur poids de responsabilité »[2]. La vie psychologique des héros homériques est tout entière sous la tutelle des dieux, et ce sont eux aussi qui sont responsables des décisions humaines apparaissant dans la délibération comme un événement extérieur. L'héroïsme homérique est donc le mariage paradoxal de la distinction d'un individu qui sort de l'anonymat par un exploit héroïque et de l'absence d'intention et donc de responsabilité concernant l'acte courageux. L'action courageuse illustre et isole un individu qui n'est pourtant pas au principe et à la

1. É. Benveniste, *Vocabulaire des institutions indo-européennes*, Paris, Minuit, 1969, p. 60.
2. J. de Romilly, *Patience mon cœur. L'essor de la psychologie dans la littérature grecque classique*, Paris, Les Belles Lettres, p. 37. Cf. aussi É. Smoes, *Le Courage chez les Grecs, d'Homère à Aristote*, Bruxelles, Ousia, 1995, p. 58 : « Aussi malgré son agitation frénétique, le héros homérique s'affirme par une profonde passivité et non moins grande irresponsabilité. »

source de cette action. Pour reprendre une distinction proposée par Arendt, le héros ne se « comporte » pas, il agit parce que tout ce qu'il fait est destiné à la visibilité et au récit alors que le comportement s'efface dans la grisaille de l'habitude et du quotidien. Et la difficulté de cette conception de l'action, c'est la tension qui existe entre être agent et auteur :

> « L'embarras vient de ce qu'en toute série d'événements qui ensemble forment une histoire pourvue de signification unique, nous pouvons tout au plus isoler l'agent qui a mis le processus en mouvement ; et bien que cet agent demeure souvent le sujet, le "héros" de l'histoire, nous ne pouvons jamais le désigner sans équivoque comme l'auteur des résultats éventuels de cette histoire[1]. »

Si on peut dire que le héros agit, c'est qu'il vit et meurt selon la forme d'un récit. Le héros est toujours celui d'une histoire et son courage n'est jamais gratuit : si le prix du courage, c'est la mort, son bénéfice, c'est l'immortalité conférée par la réputation. C'est cette renommée conquise dans l'action narrée qui fait le lien entre courage et histoire :

> « Le héros que dévoile l'histoire n'a pas besoin de qualité héroïque ; le mot héros à l'origine, c'est-à-dire dans

1. H. Arendt, *CHM*, *op. cit.*, p. 242.

Homère, n'était qu'un nom donné à chacun des hommes libres qui avaient pris part à l'épopée troyenne et de qui l'on pouvait conter une histoire[1]. »

Le héros est acteur d'une histoire, mais il n'est donc pas auteur de l'histoire ni même auteur de son acte au sens où, s'il donne à voir, il ne décide pas de ce qu'il donne à voir : il est le vecteur de visibilité des intentions et décisions divines. Il faut donc sortir des *a priori* de notre conception commune du courage pour voir, dans le courage héroïque, un courage sans intention, un courage qui n'a pas de motifs psychologiques – c'est pourquoi Homère se fiche bien de savoir que ce sont la colère et l'esprit de vengeance qui poussent Achille, le héros courageux par excellence, à tuer Patrocle au risque de la mort. Ce n'est qu'à partir de Platon et Aristote que l'on s'intéressera aux motifs du courage, pour le distinguer de notions proches comme l'audace ou la témérité. Le lien entre courage et responsabilité, qui nous paraît si naturel, est l'œuvre du mouvement rationaliste du Ve siècle qui, en émancipant le héros de sa dépendance tutélaire, a rendu au combattant (et, plus généralement, à tout homme qui agit) son autonomie et donc la

1. H. Arendt, *CHM*, *op. cit.*, p. 244.

responsabilité de ses actes. En émancipant l'homme des dieux, les philosophes lui ont restitué son libre arbitre et ils ont fait du courage une vertu morale dépendant d'un choix. On le liera alors moins à un geste qu'à sa décision. En revanche, s'il y a pour certains (comme H.-I. Marrou, M. Canto et É. Smoes) une « éthique » homérique, c'est une éthique du valeureux, du spectaculaire, de ce qui se donne à voir comme modèle de comportement. Cette idée de l'éthique est tributaire d'une pédagogie de l'imitation.

On sait qu'Homère était considéré par tous comme l'éducateur de la Grèce, *tèn Hellada pepaideuken*, y compris d'ailleurs par Platon qui consacre quelques pages célèbres de la *République* à critiquer l'éducation traditionnelle homérique[1]. La valeur éducative des récits homériques implique en tout cas que l'excellence aristocratique et le courage militaire ne se développent pas spontanément, mais à travers une formation par laquelle l'enfant et le jeune homme

1. Platon, *Rép.*, X, 606e *sq.* Homère était le livre de chevet de tout grec cultivé et cela jusqu'au Moyen Âge byzantin, mais on peut aussi dire avec Marrou que c'est « parce que l'éthique chevaleresque demeurait au centre de l'idéal grec qu'Homère, interprète imminent de cet idéal, a été choisi et retenu comme texte de base dans l'éducation » (H.-I. Marrou, *Histoire de l'éducation dans l'Antiquité*, t. I, Paris, Seuil, « Points-Histoire », 1975, p. 34).

intègrent la norme qui constitue l'idéal de sa classe. Le courage n'est donc plus seulement une affaire de catégorie ou de fonction sociale, il est aussi – et surtout – une question d'éducation, déjà pour Homère. Mais comment éduque-t-on au courage ? Comme nous le verrons, c'est précisément autour de ce débat que naîtra le questionnement philosophique autour de la notion de courage et que s'articulera le *Lachès* de Platon, dans un dialogue critique avec Homère et la conception classique de l'éducation et du courage. Le poète, dit Platon dans le *Phèdre*, « pare de gloire des myriades d'exploits des Anciens et ainsi fait l'éducation de la postérité »[1]. Le héros est celui d'un récit destiné à susciter des vocations, c'est l'inimitable que tous veulent imiter, le *paradeigma*. Contre cette conception mimétique de l'éducation, Platon entreprendra de remettre la raison au cœur de l'éducation, y compris de l'éducation au courage. Or, c'est quand la morale n'est plus une question d'imitation que l'on peut cesser de la référer à des us et coutumes pour la penser comme détermination de soi. Autrement dit, la morale telle que nous la concevons ici est tributaire d'une pédagogie dont la première caractéristique est négative : c'est une pédagogie qui critique le modèle et la *mimèsis*.

1. Platon, *Phèdre*, 245a.

Il faut souligner cependant que la rupture entre cette « éthique » du visible et une véritable morale de la responsabilité n'a pas été brutale ni tranchée. Ainsi, dans les *Lois* de Platon, il est affirmé que les actions des hommes ressemblent aux gestes de pantins manœuvrés par une main en coulisse, et que les hommes sont ainsi en quelque sorte le jouet d'un dieu[1]. Platon, que l'on considère communément comme le premier philosophe moral, aurait ainsi également inventé la métaphore du dieu qui, depuis les coulisses, tire les ficelles et est responsable de l'histoire. Or, selon H. Arendt, ce dieu de Platon « ne fait que symboliser le fait que les histoires vraies, par opposition à celles que nous inventons, n'ont point d'auteur »[2]. Comme tel, il serait ainsi le véritable précurseur de ces notions comme la Providence, la main invisible ou l'esprit du monde, qui ont permis aux philosophes de l'histoire de tenter de résoudre le problème d'une histoire qui doit bien son existence aux hommes mais qui n'est pas pour autant faite par eux. Et d'une certaine façon, aborder la notion de courage à partir d'une telle problématique de l'histoire du monde, c'est empêcher une autre approche, à partir

1. Platon, *Lois*, 644c et 803b.
2. H. Arendt, *CHM, op. cit.*, p. 243.

de la notion d'agent responsable et d'intention : c'est obturer la possibilité d'une lecture morale du courage au profit d'une lecture politique et historique.

c. Le courage comme maîtrise de ses peurs et de ses désirs

Nous avons souligné que cette conception politique d'un courage héroïque visible et sans motifs tient à une conception de la guerre comme lieu de la distinction d'un individu. Or, cette conception de la guerre va être complètement modifiée à l'époque classique. Le courage guerrier représenté dans l'épopée homérique par l'exploit héroïque individuel se marque progressivement d'une dimension plus intellectuelle, plus technique et plus intérieure : il faut tenir son poste dans la phalange. Celle-ci est une formation de guerriers serrés les uns contre les autres sur une dizaine de rangs. C'est une sorte d'animal gigantesque dont la carapace serait munie de lances et de boucliers réguliers, qui se déplacent en cadence. Le succès de la phalange, sa force militaire et donc, finalement, le sort de la guerre, dépendent de la masse compacte des guerriers et non plus de la qualité de chaque guerrier considéré isolément. Tous les combattants sont d'ailleurs interchangeables. Si un hoplite de la première ligne tombe sous les coups ennemis, il est immédiatement remplacé par un autre de la colonne arrière pour que la formation retrouve sa densité. L'intérêt pour nous de cette nouvelle conception de la guerre, c'est la nouvelle figure du courage qu'elle permet de dégager. Le courage est davantage lié à l'anonymat qu'à l'héroïsme d'un individu singulier, c'est désormais le courage de tenir son rang et non de s'illustrer :

« Quiconque occupe un poste – qu'il l'ait choisi lui-même comme le plus honorable, ou qu'il y ait été placé par un chef – a pour devoir, selon moi, *d'y demeurer ferme*, quel qu'en soit le risque, sans tenir compte ni de la mort possible, ni d'aucun danger, plutôt que de sacrifier l'honneur. En agissant autrement, Athéniens, j'aurais donc été très coupable. Comment ! Lorsque les chefs élus par vous m'assignaient un poste, à Potidée, à Amphipolis, à Délion, *je restais aussi ferme* que pas un à l'endroit désigné, en risquant la mort ; et quand un dieu m'avait assigné pour tâche, comme je le croyais, comme je l'avais admis, de vivre en philosophant, en scrutant et moi-même et les autres, moi, par peur de la mort, ou par une crainte quelconque, j'aurais déserté ?[1] »

Avec Socrate et Platon, le modèle traditionnel du soldat hoplite qui tient son rang est utilisé dans un

---

1. Platon, *Apologie de Socrate*, 28e.

contexte modifié par la référence au dieu. Ce « dieu » assigne à Socrate une tâche, mais il ne lui insuffle plus l'énergie pour la mener à bien. On assiste alors à une sécularisation du courage. Il n'est plus dans la pure extériorité d'un acte provoqué par les dieux, il est dans un rapport de soi à soi modelé par la résistance à la peur et aux aléas de l'existence. Ainsi, si le courage reste marqué par l'extériorité du geste au sens où être courageux, c'est d'abord se montrer courageux dans une action, il se dote d'une dimension d'intériorité inexistante auparavant. Il n'est plus seulement un rapport au monde, mais fondamentalement un rapport à soi.

Pour comprendre le sens philosophique de cette évolution de la conception du courage à l'époque classique, il faut se reporter à celle qui la trahit le mieux : l'évolution entre deux conceptions de l'origine et des modes d'expression de la force en laquelle le courage consiste. Le courage du héros homérique était le fruit d'une force seulement physique, insufflée par les dieux et dont le héros n'avait pas la maîtrise ; la force était un outil aux mains de puissances surnaturelles dans un procès de type ordalique. Le courage de l'hoplite est en revanche le fruit d'une force mentale, intérieure, éventuellement rusée, et dont l'individu est seul responsable :

> « Tenir sa place dans le rang, s'élancer d'un même pas contre l'ennemi, combattre bouclier contre bouclier, exécuter toutes les manœuvres comme un seul homme, autant d'activités que résume une notion capitale : *taxis*[1]. »

La force n'est plus la fureur, elle est l'ordre. Or, entre la position occupée par l'hoplite dans l'armée et les valeurs éthiques de maîtrise de soi, de discipline et d'ordre, il n'y a pas d'hiatus :

> « Sur le plan des conduites, le changement est donc radical : la *sophrosunè,* la "maîtrise entière de soi", remplace cette ivresse, cette mise hors de soi, qui faisait du guerrier un possédé de *Lyssa*[2]. »

On assiste à un élargissement de ce déplacement dans l'œuvre de Platon :

> « Je voulais en effet m'enquérir auprès de toi non seulement des hommes qui sont courageux dans l'infanterie, mais aussi de ceux qui le sont dans la cavalerie et dans toute forme de corps militaire. Et je m'intéressais non seulement à ceux qui sont courageux à la guerre, mais aussi à ceux qui font preuve de courage à l'égard

1. M. Detienne, « La Phalange : problèmes et controverses », in J.-P. Vernant (dir.), *Problème de la guerre en Grèce ancienne*, Paris, Seuil, 1999, p. 121-122.
2. *Ibid.*

des périls de la mer, et bien entendu à tous ceux qui sont courageux face aux maladies, à la pauvreté, à la politique ; et je pensais non seulement à ceux qui sont courageux face aux douleurs et aux craintes, mais aussi à ceux qui excellent dans la lutte contre les désirs et les plaisirs[1]. »

Il y a là en effet un déplacement de la notion de courage, depuis le champ de bataille au champ de la morale, dans une gradation évidente qui vise à centrer le courage sur la maîtrise de soi. Agir de manière courageuse, c'est combattre encore, mais des ennemis intérieurs, désirs, faiblesses ou peurs. Comme l'hoplite doit tenir sa position dans la phalange, l'homme doit maîtriser ses sentiments :

« La victoire sur soi-même est de toutes les victoires la première et la plus glorieuse, alors que la défaite où l'on succombe à ses propres armes est ce qu'il y a à la fois de plus honteux et de plus lâche. Et cela montre bien qu'une guerre se livre en nous contre nous-mêmes[2]. »

On passe ainsi de l'exigence militaire de l'exploit héroïque à celle de tenir son rang et d'un courage-ardeur à un courage-maîtrise. C'est cette notion de maîtrise de soi qui nous semble avoir dominé à la fois

1. Platon, *Lachès*, 191c-d.
2. Platon, *Lois*, I, 626e.

la philosophie antique et la morale chrétienne et donc être emblématique d'une conception « antique » du courage.

Si l'on peut dire ainsi qu'il y a une « moralisation » du courage au Vᵉ siècle av. J.-C., il faut aussi et inversement souligner une fois encore que cette morale reste marquée par ses origines guerrières – marque que portent distinctement ces valeurs nouvelles d'*egkrateia* (maîtrise de soi) et de *karteria* (force d'âme). La vie morale est une vie de lutte et de combat. Et l'origine militaire du courage signifie que l'éthique naissante est d'abord aristocratique et chevaleresque ; elle consiste d'abord à sculpter sa force, à

> « donner une forme à la pure énergie du vivre plutôt qu'à se laisser porter selon ce qu'on a reçu passivement »[1].

W. Jaeger parlait dans les mêmes termes du modèle pédagogique classique des Grecs :

> « Le chef-d'œuvre des Grecs fut l'Homme. Les premiers, ils comprirent qu'éducation signifie modelage du caractère humain selon un idéal déterminé[2]. »

1. F. Gros, *EDV, op. cit.*, p. 19.
2. W. Jaeger, *Paideia. La formation de l'homme grec*, Paris, Gallimard, 1964, t. I, p. 20.

Éducation et responsabilité individuelle contre orda-
lie divine et Histoire. Et de cette opposition, on con-
clura aussi que les hommes semblent ne pouvoir être
proprement moraux que sans leurs dieux.

2. Le courage de la vérité
dans la philosophie morale

Socrate et Platon représentent la naissance
de la philosophie morale. La notion de courage joue
un rôle fondamental dans la pensée socratico-
platonicienne, qui justifie de leur consacrer un chapitre qui soit aussi l'occasion de voir se dessiner une
nouvelle question au sujet du courage : la question
de son lien au savoir, nécessaire pour qu'il soit proprement moral. Le courage comme force brutale paraît en effet pouvoir servir toutes les causes. Voltaire
disait que le courage n'était « pas une vertu, mais une
qualité commune aux scélérats et aux grands hommes ». C'est une telle conception du courage comme
fermeté pouvant servir toutes les causes qui a d'ailleurs
motivé le retour d'un questionnement sur le courage

aux États-Unis après le onze septembre. Il semble alors que, pour le moraliser, il faille lui adjoindre une lucidité qui lui indique ses objectifs et les limites de son expression. Ainsi bridé par un savoir, le courage n'est plus seulement un instinct guerrier qui ne recule pas devant la peur, il est aussi la conscience d'une valeur pour laquelle il vaut la peine de se battre.

Cette moralisation du courage, qui est aussi la métaphorisation de la guerre, est un vrai coup de force ; c'est une transition marquante dans l'histoire de la notion puisque, dans un monde qui ne connaissait pas la paix, mais seulement des trêves, c'était une véritable gageure de penser le courage en dehors du champ de bataille.

Notons que, dans le cadre d'une telle évolution, la pensée aristotélicienne semble marquer un recul. En effet, la grande force d'Aristote est d'avoir voulu traiter du courage dans son sens le plus strict, en le cantonnant comme Homère au champ de bataille, et sans qu'il ne soit pris en considération relativement aux motivations (comme la peur, le sens de la justice) et aux dispositions « morales » permettant cet acte (comme la force de caractère ou la continence). Ce faisant, le courage semble pensé par Aristote de manière presque physique, et tellement spécifique que ses définitions ne seront d'aucune utilité dans le cadre d'un questionnement éthique ou politique général. C'est précisément ce souci de respecter la spécificité des vertus qui fait la force de la pensée aristotélicienne :

> « Au sens principal du terme, on appellera dès lors courageux celui qui demeure sans crainte en présence d'une noble mort, ou de quelque péril imminent pouvant entraîner la mort : or tels sont particulièrement les dangers de la guerre[1]. »

Surtout, aucune concurrence n'est produite par rapport à la Justice. Aristote se pose ainsi contre la tradition philosophique qui, de Socrate et Platon aux stoïciens, définit le courage comme « une vertu au service de l'équité », la justice étant alors la vertu reine puisque « nul acte ne peut être honorable, s'il est sans justice »[2].

Les situations pour lesquelles nous employons aujourd'hui communément le vocable courage (la franchise, le fait de tenir bon, d'oser résister…) sont analysées dans l'*Éthique à Nicomaque* à partir d'un

1. Aristote, *EN* III, 9, 1115a 25-35.
2. Cicéron, *Traité des devoirs,* Livre I, dans *Les Stoïciens*, É. Bréhier (dir.), tome I, Paris, Gallimard, 1962, p. 517.

vocabulaire plus spécifique[1]. Aristote distingue le courage militaire, seul véritable courage, de formes qu'il considère comme dérivées et impropres (le courage politique, le courage de ceux qui ont de l'expérience, l'optimisme, l'audace et l'ignorance des dangers[2]).

C'est en raison de ce recul, opéré par Aristote, par rapport à la moralisation du courage en cours dans l'œuvre platonicienne et visible dans la vie de Socrate que nous ne lui consacrons pas un chapitre dans cette partie sur les morales antiques du courage. Outre le fait qu'Aristote limite explicitement la notion de courage à un usage très étroit, à savoir la disposition à affronter le danger de mort à la guerre parce que le but est beau, son analyse – même élargie à des vertus proches comme celle de grandeur d'âme ou de générosité – n'était pas propre à relayer les questions dont nous avons voulu faire le fil conducteur et la toile de fond de cette réflexion sur l'histoire philosophique de la notion de courage. Ainsi, par exemple, on peut

1. Cf. A. Stevens, « Le rôle du courage dans la *praxis* : un questionnement à partir d'Aristote » in *Dissensus. Revue de philosophie politique de l'Université de Liège* (http://popups.ulg.ac.be/dissensus/), n° 2 (2009) : Dossier « Figures du courage politique dans la philosophie moderne et contemporaine », p. 55-64.
2. Cf. Aristote, *EN*, III, 11, 1116a 10-1117a 28.

dire que c'est par définition que le courage, chez Aristote, ne relève que de l'action et aucunement de la connaissance – alors même que cette question du courage de la vérité nous paraissait plus largement représentative de la pensée grecque classique –, et le courage ne peut être politique qu'au sens où la guerre est un acte politique, ce qui n'apportait aucun élément supplémentaire à notre analyse des rapports de l'éthique au politique à l'époque classique. Nous avons donc pris le parti de n'évoquer la conception aristotélicienne du courage que de manière plus elliptique, dans le chapitre consacré à Machiavel[1], qui pose en quelque sorte une figure anti-aristotélicienne du courage en valorisant une « morale » de l'excès plutôt que de la médiété. Pour spécifique et peu importable qu'elle soit, ou peut-être justement à cause de sa spécificité, la définition du courage ainsi donnée par Aristote est véritablement canonique – et c'est ce qui justifie qu'on traite finalement davantage sa réception et sa fortune que son contenu.

De l'analyse aristotélicienne du courage, à ce stade, il faut retenir ceci d'important qu'elle nous met face à un étrange paradoxe : soit nous savons ce que le

1. Cf. en particulier, *infra*, partie II, chapitre 3, a.

courage signifie de manière très spécifique, et nous ne pouvons rien en faire étant donné cette spécificité ; soit nous perdons cette spécificité, au risque de perdre tout sens propre, voire de dessiner des concurrences un peu vaines avec d'autres vertus. Ce constat justifie ainsi que, bien plus que la réalité et le sens du courage, ce sont ses usages qui nous intéressent ici.

La pensée « socratico-platonicienne » est un hybride, un être à deux têtes posant précisément ce problème du rapport d'une idée à sa réalisation :

– Dans une histoire du courage, l'intérêt de Platon, qu'on distingue ici un peu artificiellement de Socrate dont il fut le porte-voix, c'est d'avoir fait du courage une notion philosophique, une valeur culturelle réfléchie, en y consacrant un dialogue, le *Lachès*, sous-titré *peri tou andreiou*, attaché précisément à définir l'essence du courage. Définir le courage, c'est considérer les caractéristiques qui en font une vertu et dès lors qui ne peuvent être le partage de l'homme et de l'animal – puisque seul l'homme est vertueux. Or, ce qui distinguera le courage de l'homme vertueux du courage traditionnellement attribué au lion, par exemple, c'est toujours un certain usage de la raison. Pour faire court, disons que définir le courage comme une vertu est une activité théorique ayant abouti à le lier à un usage du *logos*.

– Socrate, en revanche, est unanimement présenté comme un modèle de courage – le modèle d'un courage militaire traditionnel qui s'exprime sur le champ de bataille, comme à Potidée, mais aussi le modèle d'un courage philosophique qui s'exprime dans la manière de vivre, et qui s'exprimera de manière particulièrement marquante devant l'assemblée de ses juges lors de son procès. La mort de Socrate, condamné par cette assemblée à boire la ciguë, donne en effet une place nouvelle et déterminante au courage non seulement comme thème philosophique, mais comme attitude possible sinon requise du philosophe. Cette attitude courageuse du philosophe devant la mort détermine un nouveau type de question : le philosophe a-t-il, en plus d'un devoir de vérité, un devoir de courage qui se manifesterait dans sa posture et dans sa manière de vivre ?

Fruit d'une telle hybridation entre Socrate et Platon, la première véritable théorisation du courage permet alors de poser la question fondamentale de toute philosophie morale, à savoir la question du rapport de la pensée à l'action ou encore le problème de la traduction d'une connaissance dans une attitude[1]. Nous aborderons le thème du courage dans ce chapitre sous cette double dimension théorique et pratique. Et, pour poser un peu schématiquement la tension qui traverse la pensée socratico-platonicienne entre ces deux dimensions, on peut dire que si le problème de la conception traditionnelle du courage était son absence de référence à la connaissance comme fondement du courage, le problème de cette connaissance est son absence possible de lien avec l'attitude, le réel, la pratique.

Enfin, dans un troisième volet, nous interrogerons le devoir de courage du philosophe (qui se distingue donc du devoir de courage du gardien dans la *République*) : doit-il être un maître de courage comme il est un maître de vérité – autrement dit, ce courage s'enseigne-t-il, est-il l'objet et l'enjeu d'une pédagogie ? Cette pédagogie du courage a-t-elle une portée strictement éthique, se limite-t-elle aux bornes d'un rapport de maître à disciple, d'un voisinage très serré comme dit Nicias dans le *Lachès*, ou le philosophe a-t-

1. L'hybridation est évidemment compliquée, au sens où, on verra que la question fondamentale du « théoricien », c'est le problème du réel tandis que le modèle de courage (Socrate) est la source d'une identification de la morale à un savoir, et donc la réduction de tout acte moral à une idée.

il à exercer son courage de la vérité dans le champ politique devant l'assemblée du peuple ? Enfin, quelles
sont les conditions et la nécessité de cette expression
politique du courage philosophique ?

a. Le courage comme objet de la réflexion philosophique

Dans les grands textes de Platon qui analysent la
notion (l'*Apologie de Socrate*, le *Lachès* et la *République)*, la discussion sur le courage aboutit toujours à
une même définition double du courage : c'est une
fermeté de caractère liée à une connaissance des périls ; c'est une force d'âme éclairée par la prudence.
Dans le *Lachès*, Platon s'emploie à préciser le type de
connaissances nécessaires au courage et propose une
distinction entre deux sortes de connaissances nécessaires pour faire montre de courage. La première connaissance est de nature purement technique : c'est la
conscience des alternatives qui s'offrent à nous en cas
de danger ainsi que la connaissance des risques objectifs
que comporte chacune des voies et de nos chances de
succès selon que l'on opte pour l'une ou l'autre. La
seconde connaissance est plutôt éthique : elle consiste
à estimer la valeur morale des possibilités en présence.

Le courage ne dépend pas seulement de la situation objective et de l'estimation des risques et des chances de succès, il est aussi et surtout dépendant de la valeur pour laquelle on est prêt à courir un risque. Ainsi, le discours que tient Socrate lors de son procès est-il courageux au sens où ce courage de parler sans plier devant la crainte de la condamnation à mort repose bien sur une mise en balance non seulement des faits (vivre ou mourir, gagner ou perdre ce procès) mais également des valeurs accrochées à ces faits (la vie injuste ou la mort honorable). Aussi peut-on dire qu'aux yeux de Socrate, ce qui est véritablement courageux, ce n'est pas de se battre alors qu'on pourrait fuir (comme les héros homériques, particulièrement Hector), mais de se battre pour la valeur qui aura paru la plus élevée – fuir pourrait être plus honorable et mourir n'est pas une fin éthique en soi – seulement mourir parce que l'on ne pourrait vivre qu'en acceptant d'être injuste ou malhonnête.

Le courage ne peut donc pas servir à tout, il est bien une vertu au sens fort du terme. Il n'y a de courageux que les gestes dont la finalité est éthique parce que l'option choisie ne l'a pas été en fonction des chances de succès (et particulièrement de survie), mais des valeurs en présence. Seuls les hommes bons et

mesurés sont véritablement courageux et non auda-
cieux. Cette éthique du courage appelle quelques re-
marques :

1° La connaissance éthique sur laquelle repose le
courage est présentée dans le *Lachès* comme une pesée
de valeurs. Le courage est donc déjà une juste mesure
comme il le sera ensuite chez Aristote ; c'est le sens de
son lien « aux idées de justice » que Platon établit dans
la *République* – la justice étant précisément symbolisée
par la balance. Cette pesée n'est pas que celle des valeurs, elle consiste aussi à « mesurer » les moyens, c'est-
à-dire à les adapter à la finalité que l'enquête éthique a
conduit à considérer comme la meilleure[1]. C'est un
courage d'apothicaire mais la morale est elle-même une
question de potions et de dosages.

2° Nous avons affaire ici à une éthique fondée
sur le principe de cohérence (principe formel qui

---

1. « La définition du courage comme vertu morale est un des plus
remarquables résultats de la redéfinition systématique des notions de la moralité aristocratique et populaire qu'ont entreprise Socrate et Platon. Ils ont reconnu la portée morale de
l'acte courageux, mais en exigeant que les moyens soient justi-
fiés et la fin visée bonne, ou du moins qu'elle se rapporte à un
bien reconnu être plus précieux que les biens qui risquent d'être
perdus (biens extérieurs, prestige, vie même) » (M. Canto-
Sperber, « Courage », *op. cit.*, p. 334).

ne détermine aucun contenu positif) et sur la nécessité d'une consonance avec soi-même :

> « Je préférerais […] que la majorité des hommes fût en
> désaccord avec moi et me contredise, plutôt que de n'être
> pas, à moi tout seul, consonant avec moi-même et de
> me contredire[1]. »

Hannah Arendt commente ce texte dans *Responsabilité et Jugement* en en faisant en quelque sorte la naissance de la conscience morale en Occident. Elle
souligne que l'on a trop peu prêté attention à cette
consonance avec soi-même, qui signale que nous ne
sommes jamais seuls et « un », mais toujours en rapport avec nous-mêmes et donc avec un soi. Je suis le
témoin de ce que je fais quand j'agis et si je ne suis
pas d'accord avec moi-même, je ne peux pas me débarrasser de ce conflit en me quittant comme je peux
me débarrasser du désaccord avec d'autres en partant
– « si j'agis mal, je suis condamné à vivre avec l'auteur
de ce mal dans une intolérable intimité »[2]. C'est ainsi
que la morale ne doit pas être définie par les us et
coutumes, comme nous l'avions souligné à l'entrée
de cette partie, mais par le rapport à soi. Car c'est ce

1. Platon, *Gorgias,* 482b-c.
2. H. Arendt, *Responsabilité et jugement*, trad. J.-L. Fidel, Paris,
Payot, 2005, p. 118. Mentionné désormais *RJ*.

rapport qui est déterminant quand on répond à la question « Que dois-je faire ? » et que l'on se refuse à accomplir les actes qui nous rendraient plus difficile le fait de vivre avec nous-mêmes. C'est bien la conscience d'un rapport fondamental à soi, en plus de la conscience d'un partage entre le bien et le mal, qui a déterminé la naissance du précepte fondateur de la morale occidentale : il vaut mieux subir un mal que de le faire subir.

Cette consonance avec soi-même se traduit tout naturellement dans la cohérence des comportements. Et ce qui tisse cette cohérence, ce n'est pas l'adéquation des gestes posés à une règle de vie prédéterminée, c'est qu'ils sont à chaque fois le fruit d'un examen de soi exigeant, qui permet cette « sauvegarde constante à l'égard de l'opinion droite concernant les choses à craindre » qui définit précisément le courage dans la *République* (429c et 430b). Cet examen de soi s'essaye à discriminer en permanence entre celui qui parle depuis la raison et la déliaison de l'âme et du corps et celui qui parle depuis la passion et la peur de mourir. Cet examen de soi distingue celui qui pense, parle et agit en restant étranger à toute séduction de celui qui est poussé par la peur de déplaire. Cet examen de soi distingue enfin celui qui agit en s'étant opposé ou en ayant laissé autrui lui opposer tous les arguments qui pouvaient éprouver la constance de sa conviction de celui qui ne s'est pas livré à un tel examen[1]. La morale socratico-platonicienne n'est pas le respect d'un code, mais celui d'une procédure d'évaluation de soi.

Quel enseignement tirer de cette morale socratico-platonicienne pour définir le courage ? L'idée que si cette éthique de la cohérence rompt ainsi avec l'idée d'un code de valeurs établies qui libérerait le sujet de cette enquête et du rapport à soi qu'elle implique, elle rompt aussi avec une conception classique du courage comme exploit héroïque ou moment d'éclat, valorisée par Homère. Car l'homme ne doit pas se contredire en faisant une exception pour lui-même, lorsqu'il est confronté à une situation dangereuse, il doit tenir bon, rester fermement au poste (à la défense du plus juste).

Les nouvelles notions morales fondamentales autour du courage – supporter, tenir bon, maîtriser sa peur – introduisent ainsi une autre temporalité dans le courage. Il n'est plus la force impétueuse et brève d'un acte d'éclat, mais la force constante que demandent la cohérence dans le comportement et la maîtrise

1. Sur ceci, cf. M. Dixsaut, *Le Naturel philosophe. Essai sur les dialogues de Platon*, Paris, Vrin/Les Belles Lettres, 1994, p. 20 *sq.*

dans l'attitude. Ce qui est courageux, ce n'est donc plus l'action isolée, mais la disposition générale face à la vie, dans la lignée de ce que soutenait Théognis dans ses *Élégies* :

> « L'homme de bien garde toujours l'esprit solide ; il reste fort (*tolma*) dans le malheur comme dans la prospérité ; mais le méchant, si un dieu lui donne vie et richesse, perd la tête et ne peut dominer sa mauvaise nature[1]. »

Demeurer ferme ou garder l'esprit solide : ces principes clés de l'éthique grecque classique et de l'éthique socratico-platonicienne alimenteront un postulat ontologique capital de Platon : dans le monde du devenir, ce qui fait la valeur d'un homme, c'est la cohérence qu'il parvient à imprimer à sa vie au sein même du chaos et cette cohérence est celle du *logos* même.

Nous avons là deux des axiomes de la morale : la prévalence du rapport à soi sur le rapport au monde, et cela même dans l'action, et d'autre part, une temporalité fondée sur la durée et non sur l'instant.

3° Le courage n'est pas seulement fondé sur la connaissance, il repose aussi sur la liberté, une liberté

1. Théognis, *Élégies*, I, 319.

qui est double, elle aussi : la liberté que donne la connaissance de la situation objective et la liberté pour le sujet de se donner à lui-même les principes et valeurs qui président à ses actions – ce qui définit précisément l'autonomie au sens étymologique. L'estimation de la valeur des possibilités en présence débouche alors sur la détermination éthique de soi par l'acte courageux, conçu aussi comme manifestant le choix du meilleur. Comme nous le soulignions en introduction, le courage est par excellence la vertu de la libre détermination et réalisation de soi, qui rend l'éthique grecque étrangère ou indifférente à l'idée plus actuelle de causes extérieures (sociales, historiques) qui détermineraient un sujet à agir.

4° Cette liberté est pensée en lien avec l'action ; ce n'est pas la liberté d'un pur possible, d'un choix ouvert, mais la liberté d'une décision et d'un acte. Cette liberté renoue avec le problème constant chez Platon de l'être et de l'apparence, mais dans une forme inhabituelle : le courage est certes une vertu extérieure (le courage comme intention ne vaut rien), et pourtant il ne ment pas comme mentent habituellement les apparences. C'est une extériorité qui est le contraire de l'apparence trompeuse : l'acte est le lieu d'épreuve et de vérité du courage.

Cet acte libre qui seul témoigne du véritable courage n'est pas distingué du moment où il a été perçu comme le meilleur acte possible. Autrement dit, ce petit saut entre le moment où l'on aperçoit ce qu'il faut faire et le moment où on le fait n'est pas thématisé et donc pas considéré comme le moment de courage. Socrate pense qu'en présence de raisons suffisantes, on ne peut manquer d'agir selon ce principe. Ce n'est que plus tard que ce saut de l'acte sera vu comme problématique : Augustin, posant que la volonté, faculté inconnue de l'Antiquité, peut dire non à la raison, estimera nécessaire d'introduire la notion d'obligation morale et l'envie, qui lui est un pendant inévitable, dans une dialectique de l'indécision que le courage aura pour fonction de trancher. Le courage ne dominera alors plus tant la peur que l'indécision. Ce sera le courage de choisir, même lorsque ce choix repose sur du non-savoir et de l'incertitude.

La conception chrétienne du courage se focalisera en effet davantage sur l'indécision liée à la connaissance, ainsi qu'on le voit encore tardivement dans le traité des vertus de Jankélévitch :

« L'intelligence nous conduit le plus loin possible dans la voie de la décision, mais il y a des choses qu'elle ne peut faire à la place du courage ; elle ne saurait remplacer l'instant irremplaçable ; elle ne nous dispense pas de ce *fiat* vertigineux qui est la seule cause suffisante et décisive de l'acte[1]. »

Ce thème chrétien du saut vertigineux dépend donc de la séparation opérée entre savoir et vouloir, mais aussi d'une conception particulière de la connaissance comme disposition passive ou contemplative, qui ne suffit pas pour pousser à l'acte. Ce courage né du doute sera la troisième des grandes figures du courage que l'étude de l'Antiquité nous aura permis de tracer, après le courage héroïque et le courage de la maîtrise de soi.

On trouve une autre conception de la connaissance chez Socrate qui permet de comprendre le rapport étroit existant entre le courage comme maîtrise de soi et le courage comme lucidité. La connaissance est le fruit d'une ascèse réalisée sur les affects et le courage se rapporte à une attitude de pensée qui permet de ne pas craindre ce qui n'est pas à craindre. Ainsi, le courage n'est pas d'affronter la mort malgré

1. V. Jankélévitch, *Traité des vertus*, II, vol. 1, ch. 2, « Le courage et la fidélité », Paris, Champs-Flammarion, 1985, p. 380. Références mentionnées désormais *TDV*.

la peur qu'on en a[1], mais de faire disparaître cette peur dans un travail intellectuel qui donne à la mort un autre visage que celui purement négatif de ce qui est à craindre ; c'est tout le sens de la réflexion de Socrate sur la mort dans le *Phédon*[2]. Comme le souligne encore Jankélévitch, chez Socrate, la connaissance « rassure, et déjoue nos vaines paniques » ; grâce à elle, « les terreurs superstitieuses, filles de la crédulité, révèlent au grand jour leur néant »[3]. Ayant ainsi dissipé les fantasmes de l'imagination, le savoir conduit tout naturellement à l'aphobie puisque la peur n'est rien qu'une illusion qu'il permet de lever.

Ce processus de connaissance est encore symbolisé par l'image de la balance : les pensées pèsent sur l'âme, et leur poids l'incline tout naturellement à l'acte. L'attitude courageuse suit naturellement et sans faille la claire connaissance du devoir à accomplir et la résistance n'est jamais que le fruit d'une idée fausse,

1. Platon, *Phédon*, 68b.
2. Ce qui distingue l'optique du *Phédon* de l'optique de la *République* concernant le travail sur les choses qui sont à craindre, c'est le public de cette éducation : dans le *Phédon*, Socrate s'adresse aux meilleurs et fait avec eux ce travail sur la crainte de la mort ; dans la *République*, il considère le peuple et c'est à la loi de lui imposer un sens commun sur les choses à craindre.
3. V. Jankélévitch, *TDV*, *op. cit.*, p. 369.

mal définie, comme la peur de mourir est le fruit d'une représentation un peu pauvre de la mort.

b. Le courage comme attitude philosophique

Que penser oblige a pour le philosophe une importance particulière, lui dont le métier est de penser. Que penser oblige aboutit donc à une reformulation de la tâche philosophique. Elle n'est pas seulement un mode de discours, elle est aussi une manière de vivre qui demande un certain courage. Pourtant, il y a chez Platon une tension évidente, qui tient à son dualisme, entre la sagesse et le courage, qui sont « toujours un peu ennemis »[1], comme le concret est toujours un peu ennemi de l'idée, et comme la force est toujours un peu ennemie de la lucidité. Mais il convient de faire une lecture dynamique plutôt que statique de cet antagonisme : le travail de résolution de cette tension est indispensable, et elle peut s'attendrir dans les deux sens. Dans l'âme du guerrier, le courage doit s'ouvrir aux « idées de justice, afin d'éviter que l'âme ne tombe dans une férocité un peu bestiale »[2]. Et

1. Platon, *Politique*, 307c.
2. Platon, *République*, 309d-e.

dans l'âme du philosophe, la sagesse doit s'ouvrir à une dimension de courage, afin d'éviter de n'être que discours[1].

On peut dire que l'œuvre de Platon a été de lier le courage à un savoir, à une opinion droite pour l'éloigner de la fureur brutale du héros homérique et d'un courage purement physique et, d'autre part, que le procès de Socrate a permis de lier le courage non seulement à l'acte, mais aussi au discours. Ou, plus exactement, Socrate a considéré que le discours pouvait être aussi un acte manifestant le courage ou la lâcheté d'un être. Dire ou ne pas dire est désormais une affaire d'éthique. Et même : c'est l'affaire éthique du philosophe à la fois comme pédagogue (dire vrai est une technique pédagogique) et comme dialecticien (dire vrai est une condition du dialogue philosophique). La particularité du rapport du philosophe à la vérité, c'est en effet le courage par lequel il se lie à l'énoncé de la vérité. La philosophie est une modalité particulière du dire vrai : le dire vrai courageux.

Ce dire vrai courageux semble déterminer un partage entre les vérités qui nécessitent du courage pour être dites et les vérités qui ne sont pas risquées. L'exer-

1. Platon, *Lettre VII*, 328b-c.

cice de la philosophie tel qu'il est illustré par Socrate ouvre pour le philosophe le devoir de ne pas être sans plus un « scientifique », de ne pas dire une vérité « neutre » comme le géomètre et le grammairien, mais d'oser énoncer à l'occasion une vérité risquée. On peut alors penser le courage comme une condition éthique du dire vrai philosophique, au sens où il faudrait être courageux pour chercher et dire des vérités risquées[1].

On touche ici au thème de la *parrêsia*, la « franchise » ou encore le « courage de la vérité », qui a beaucoup intéressé Foucault à la fin de sa vie[2]. L'intérêt ici d'un détour par les analyses de Foucault sur la *parrêsia* est double. Il s'agit, d'une part, de voir à l'œuvre dans ce discours courageux du philosophe une nouvelle

1. On peut aussi le penser comme la condition d'un certain type de rapport à la vérité (à toute vérité, au vrai en général) qui implique que le philosophe se lie à la vérité en l'énonçant, même quand elle présente un risque, et qu'ainsi le vrai d'une certaine manière l'oblige, avec ce que cette obligation suppose de cohérence et de droiture dans la posture.

2. Cf. M. Foucault, *Le Gouvernement de soi et des autres*, Paris, Gallimard/Seuil, 2008, l'avant-dernier cours de Foucault au Collège de France ; *Fearless speach*, séminaire de six leçons faites à l'Université de Berkeley en octobre 1983 et publiées sans son autorisation après sa mort ; et enfin le dernier cours de Foucault au Collège de France, *Le Courage de la vérité*, Paris, Gallimard/Seuil, 2009.

pédagogie du courage, distincte de la pédagogie mimétique d'Homère et, d'autre part, de penser la nécessité et les conditions de l'irruption de ce dire vrai
courageux, non plus dans un rapport de maître à élè-
ves, mais dans un rapport à l'assemblée des citoyens.
On continuera ainsi, d'une part, à creuser cette grande
question grecque : comment s'enseigne le courage ? Et,
d'autre part, à dessiner plus distinctement la frontière
et les liens entre courage éthique et courage politique.

La nouvelle pédagogie pourrait être perçue comme
le fruit d'une crise politique de la *parrêsia*. Avant cette
crise, la *parrêsia* était le troisième pilier de la démocratie grecque avec l'égalité de parole, l'*isègoria*, et l'égalité devant les lois, l'*isonomia* : il n'y avait pas de véritable
démocratie sans le courage de l'énonciation publique
qui consistait à dire ce qui n'est pas bon à entendre et
qui est donc tout à l'opposé de la flatterie. La démocratie athénienne est entrée en crise lorsque le courage, qui en était un fondement essentiel, a perdu sa
valeur ; la démocratie est alors devenue un régime de
la flatterie et de la séduction : une démagogie[1].

1. La critique de la *parrêsia* politique est double : 1) La *parrêsia*,
   littéralement le fait de dire tout, *pan rhéma*, est dangereuse pour
   la cité parce qu'elle est la liberté donnée à tous, c'est-à-dire à

L'objectif de la nouvelle pédagogie socratique est de restaurer cette parole courageuse qui s'oppose à la flatterie, mais pour en souligner les vertus éthiques et plus tellement politiques, pour en faire le moyen d'un gouvernement sain de soi-même plutôt que d'une cité saine. L'objectif pédagogique du discours

n'importe qui de prendre la parole, ce n'est plus un privilège statutaire donné à ceux qui ont été éduqués de manière à exercer la *parrêsia* utilement pour la cité. Ce n'est pas parce que tout le monde peut parler que tout le monde peut dire vrai (c'est toute la question chez Platon de l'expertise en matière de politique). Le problème de la démocratie, c'est que l'égalitarisme formel de l'*isêgoria* reflue sur la différence que devrait introduire à l'agora le discours vrai de celui qui, pour défendre sa conception de l'intérêt commun, parle avec courage. 2) La *parrêsia* est dangereuse pour l'individu qui l'exerce dans la mesure où elle appelle un certain courage qui risque de ne pas être honoré. Ce sont ceux qui plaisent qui seront suivis et approuvés tandis que le discours vrai des parrêsiastes les exposera à la vengeance ou à la punition. C'est ce péril auquel se réfère Isocrate : « Vous avez coutume d'expulser tous les orateurs autres que ceux qui parlent dans le sens de vos désirs. [...] Il est rude d'être en opposition en pleine démocratie, il n'y a pas de liberté de parole sauf au théâtre pour les gens les plus déraisonnables qui n'ont nul souci de vous » (*Discours sur la Paix,* § 9 et 14). Isocrate dénonce ainsi la démocratie athénienne qui fait peser une telle menace sur l'homme franc qu'il est contraint de renoncer à dire le vrai à l'assemblée s'il veut préserver sa vie et son temps pour les dédier à une tâche plus utile.

franc, c'est de faire en sorte que celui auquel on s'adresse, par suite de ce discours vrai n'ait plus besoin du discours de l'autre, précisément parce que ce discours a été vrai. Le courage de dire la vérité est donc à la fois une vertu et une technique que doit avoir le vrai pédagogue, c'est-à-dire celui qui aide les autres à se constituer à eux-mêmes un rapport sain. La vérité, qui passe de l'un à l'autre dans la *parrêsia*, scelle et garantit l'autonomie de celui qui a reçu la parole par rapport à celui qui l'a prononcée. La *parrêsia* joue alors exactement contre la flatterie. La plupart des hommes ne sont jamais seuls avec eux-mêmes, en ce sens qu'ils n'ont jamais ce rapport plein à eux-mêmes, qui fait qu'ils se sentent dépendants de rien, ni des malheurs, ni des plaisirs, ni surtout des discours critiques ou élogieux que l'on tient à leur sujet. Les dangers de la flatterie prennent racine dans cette incapacité à être seul : le personnage du flatteur intervient pour combler par un discours cette inadéquation, et ce faisant il entretient l'insuffisance du rapport à soi en offrant à celui qui veut être loué ou dénigré le discours qu'il souhaite entendre. Ainsi celui qui est flatté se trouve placé sous la dépendance du flatteur par l'insuffisance de son rapport à lui-même.

Le problème, c'est qu'il semble que ce soit seulement entre des individus ayant à eux-mêmes un rapport sain que la *parrêsia* puisse s'organiser et se stabiliser. Car si le parrêsiaste prend un risque en disant toute la vérité, d'un autre côté, celui à qui cette vérité est dite doit l'accepter, aussi blessante qu'elle soit. Il doit reconnaître que celui qui prend le risque de dire la vérité doit être écouté. Il y a donc ce que Foucault nomme un « pacte parrêsiastique » : la *parrêsia* montre le courage d'un individu qui se lie à une vérité à laquelle il croit en disant cette vérité envers et contre tout, et celui à qui elle est adressée doit en retour montrer sa grandeur d'âme en acceptant cette vérité difficile à entendre parce qu'elle est sans compromis et sans flatterie[1]. Il y a un risque constitutif de la *parrêsia* et un paradoxe qui est son point d'indépassable fragilité : elle est à la fois ce qui peut rendre meilleur (entendez : boucler le rapport à soi) et ce qui s'adresse aux meilleurs, à ceux qui ont déjà un rapport à eux-mêmes suffisamment sain pour être capables d'accueillir ce discours franc – la *parrêsia* n'est donc pas la technique d'éducation de la masse, évoquée dans la *République* et qui doit passer par la

1. Cf. M. Foucault, *Le Courage de la vérité, op. cit.*, p. 13-14. Ci-après *CV*.

formation des opinions droites grâce aux histoires édifiantes. Passer d'une politique du courage à une pédagogie (élitiste) du courage permettrait alors de réduire le courage de dire la vérité aux bornes de rapports privés pour en diminuer le risque constitutif. C'est en effet en ce sens qu'il faut comprendre l'intervention du *daimon* de Socrate, qui s'oppose à ce qu'il s'exprime à l'agora pour protéger sa tâche, qui est de rendre meilleur, des risques trop élevés de la politique :

> « Et ne vous mettez pas en colère contre moi, car je vais vous asséner une vérité. Il n'est en effet personne qui puisse rester en vie, s'il s'oppose *franchement* soit à vous, soit à une autre assemblée… » « Celui qui aspire vraiment à combattre pour la justice, s'il tient à rester en vie si peu de temps que ce soit, doit demeurer un simple particulier et se garder de devenir un homme public[1]. »

Si cette réduction du politique au pédagogique est boiteuse, c'est, d'une part, que Socrate est mort (elle n'a pas été efficace) et que, d'autre part, il a ainsi réduit d'office le discours franc du philosophe aux bornes d'un rapport psychagogique de maître à disciple, sans réintroduire dans le champ politique la différence éthique qu'il est capable d'opérer.

1. Platon, *Apologie de Socrate*, 31d et 32a.

Dans son cours sur le *Gouvernement de soi et des autres*, Foucault semble considérer que l'enjeu de la *Lettre VII* est précisément de réintroduire cette différence éthique (la maîtrise de soi, en somme) dans le politique (le gouvernement des autres)[1]. Platon raconte en effet dans cette lettre ce qu'a été sa carrière de conseiller politique, notamment auprès des deux Denys, tyrans de Syracuse. Cette *Lettre VII* est ainsi une sorte de manifeste de l'engagement politique du philosophe qui en marque la nécessité, les limites et les conditions.

Il faut souligner cependant que ce n'est pas dans la démocratie que Platon réintroduit ainsi le discours franc, mais dans la tyrannie, car si tous ne peuvent pas entretenir un rapport à soi sain, il est possible que l'âme individuelle du Prince soit éduquée à ce rapport sain, comme Cyrus qui autorisait le franc-parler de ses chefs et honorait ceux qui pouvaient donner un avis critique[2]. On ne quitte donc pas la pédagogie pour passer à la politique ; c'est le tyran lui-même que l'on peut éduquer s'il a un naturel philosophe :

1. M. Foucault, *Le Gouvernement de soi et des autres. Cours du Collège de France 1982-1983*, *op. cit.* Références mentionnées désormais *GSA*.
2. Platon, *Lois*, 694c *sq.*

« Si la *parrêsia* peut, lorsqu'il s'agit d'un tyran, d'un monarque, d'un souverain personnel, avoir son effet politique et ses bienfaits dans l'art de gouverner les hommes, c'est par l'intermédiaire de cet élément qu'est l'*éthos* individuel du Prince[1]. »

En se proposant d'éduquer ou de conseiller le Prince, Platon ouvre un nouveau versant de sa pensée politique, qui n'est pas du côté du contrat fondamental passant par l'analyse des constitutions passées et présentes, ou par l'établissement d'une constitution idéale (ce que Foucault appelle la *politeia*), mais bien de la *dunasteia*, de la politique comme expérience, de ses jeux immanents et de la rationalisation du conseil politique, en proposant un positionnement « circonstanciel » du philosophe à la cour du roi et un ajustement de son discours vrai qui le rende persuasif et pas seulement risqué[2].

1. M. Foucault, *CV*, p. 57.
2. Après ses deux expériences avec la dictature des Trente et Denys I de Syracuse et avec la démocratie qui a condamné Socrate à mort, Platon s'aperçoit qu'il n'est plus possible de mener une action politique parce que manquent autant les amis que les occasions (*kairoi*) pour s'emparer du pouvoir. S'il a accepté de venir à la cour de Denys, c'est justement que le *kairos* lui était offert de faire quelque chose de l'ordre de la politique avec un jeune monarque inquiet de philosophie et dont l'entourage était favorable à Platon.

Au-delà des circonstances (et du *kairos*) qui favorisent l'intervention du philosophe dans la politique (il n'y en a qu'un seul à convaincre, qui semble favorable à la philosophie et dont l'entourage est également favorable), ce qui nous intéresse ici, c'est la nécessité de cette intervention. Pourquoi, selon Platon, le philosophe doit-il prendre le risque de parler vrai au tyran ? C'est un passage peu connu qui peut délivrer la réponse que Platon donne à cette question :

> « Comme je réfléchissais et me demandais avec hésitation s'il fallait ou non me mettre en route et céder aux sollicitations, ce qui pourtant fit pencher la balance, c'est [que]… je rougissais de passer à mes yeux pour un verbe-creux, qui ne veut jamais mettre la main à l'œuvre (*ergon*)[1]. »

On retrouve ici une opposition classique entre *logos* et *ergon*, entre ce qui est en discours et ce qui est en acte et, de manière sous-jacente, le problème épinglé par Arendt dans « *Vérité et Politique* »[2] d'une impuissance politique naturelle du discours vrai, d'une étrangeté naturelle de la vérité à l'action, et, inversement, de la politique à la vérité. Et l'assertion d'Arendt « les

1. Platon, *Lettre VII*, 328b-c.
2. H. Arendt, « Vérité et Politique », *La Crise de la culture*, trad. sous la dir. de P. Lévy, Paris, Gallimard, « Folio essais », 1972, p. 289-336. Références mentionnées désormais *VP*.

mensonges ont toujours été considérés comme des outils nécessaires et légitimes, non seulement du métier de politicien ou de démagogue, mais aussi de celui d'homme d'État »[1] n'est qu'une réplique de celle de Platon dans la *République* :

> « Si nous avons eu raison de dire tout à l'heure que, en réalité, tandis que la fausseté est inutilisable par les Dieux, elle est utilisable par les hommes sous la forme d'un remède, il est dès lors manifeste qu'une telle utilisation doit être réservée à des médecins, et que des particuliers incompétents n'y doivent pas toucher. […] C'est donc aux gouvernants de l'État qu'il appartient, comme à personne au monde, de recourir à la fausseté, en vue de tromper, soit les ennemis, soit leurs concitoyens, dans l'intérêt de l'État[2]… »

La question des usages éducatifs et politiques du *pseudos,* c'est avant tout celle du résultat : il faut convaincre, imposer une *doxa*, et le mensonge est plus puissant pour cela que la vérité[3]. Selon Arendt, ce

1. H. Arendt, *VP, op. cit.*, p. 289.
2. Platon, *Rép.*, 289b-c.
3. Pour Platon, il y a cependant un mensonge noble, qui est en réalité un faux *pseudos,* parce qu'il correspond à induire au moins à terme dans l'âme d'un être inéduqué une vérité, par exemple la vérité selon laquelle chaque membre de la cité idéale doit être placé dans une classe à laquelle il ou elle convient naturellement.

qui détermine cette impuissance du vrai, ce sont les conditions habituelles de la recherche et du discours de vérité : l'impartialité n'est pas acquise dans le monde commun, elle est inhérente à une position d'étrangeté à l'égard du politique :

> « Éminents parmi les modes existentiels du dire-la-vérité sont la solitude du philosophe, l'isolement du savant et de l'artiste, l'impartialité de l'historien et du juge, et l'indépendance du découvreur de fait, du témoin et du reporteur[1]. »

On retrouve ici l'écho d'une image classique du platonisme qu'Arendt dessine d'ailleurs constamment, c'est-à-dire un platonisme axé sur l'*épistèmè*, sur une théorie des idées dégagée du flux lié au monde réel, et rejetant au nom du vrai les affaires humaines et la politique – une image qui correspond par ailleurs à la frontière qu'elle perçoit entre vie active et vie contemplative. Il y a une tension fondamentale entre agir et penser, et Arendt souligne le parti pris de Platon, son « mépris […] pour les agités, ceux qui vont et viennent sans jamais s'arrêter »[2]. C'est cette

1. H. Arendt, *RJ*, p. 331.
2. *Ibid.*, p. 132. Cf. également p. 130 : « Par-dessus tout et de l'aveu même de Socrate encore, tout ce qu'il pouvait invoquer en sa faveur quand il était question de conduite réelle, c'était une

tension qui conduit Arendt à poser ailleurs cette question :

> « Est-il de l'essence même de la vérité d'être impuissante et de l'essence même du pouvoir d'être trompeur ? Et quelle espèce de réalité la vérité possède-t-elle si elle est sans pouvoir dans le domaine public, lequel, plus qu'aucune autre sphère de la vie humaine, garantit la réalité de l'existence aux hommes qui naissent et meurent… Finalement la vérité impuissante n'est-elle pas aussi méprisable que le pouvoir insoucieux de la vérité[1] ? »

Or, ce sont précisément ces questions que Platon poserait dans le passage pré-cité de la *Lettre VII* – questions d'ailleurs si curieuses par rapport au platonisme traditionnel que leur présence dans cette lettre fut l'un des arguments évoqués par Edelstein pour en contester l'authenticité.

Il est cependant possible de prendre au sérieux ce passage et d'éclairer un autre visage du platonisme,

« voix » parlant à l'intérieur de lui qui l'empêchait de faire quelque chose qu'il avait l'intention de faire, mais qui ne le poussait jamais à agir. » Et p. 132 : « L'affirmation : "Il vaut mieux être en désaccord avec le monde entier qu'avec soi-même" reste toujours entièrement négative. Elle ne dira jamais quoi faire, mais elle empêchera seulement de faire certaines choses, même lorsque tout le monde autour les a accomplies. »
1. H. Arendt, *VP*, *op. cit.*, p. 289-290.

qui privilégie la dialectique à la théorie des idées, la méthode au contenu, le rapport éthique à soi à la théorie des vertus et les problèmes de *dunasteia* aux problèmes de *politeia*. C'est cette lecture que Foucault favorise, dans la lignée d'autres lectures comme celles de M. Dixsaut ou de S. Delcomminette.

Pour donner sens à ce passage, Foucault emploie les termes mêmes du problème que voit Arendt à l'impuissance du vrai : quand Platon s'inquiète de n'être que *logos*, pour toucher à la tâche même, il pose la question du réel de la philosophie. Cette question ne consiste pas à se demander ce qu'est le référent, le réel « objectif » auquel la philosophie doit se confronter, ni ce à quoi on peut mesurer si elle dit vrai ou pas, mais ce qu'est, dans sa réalité, cette activité singulière de dire vrai qui s'appelle la philosophie[1]. Dans cette question, on voit se dessiner une inquiétude, celle de savoir ce qui fait que le discours philosophique n'est pas un discours vain, qu'il dise vrai ou pas. Et la réponse apparaît dans la théorie du conseil politique : la réalité par laquelle la philosophie se manifeste, c'est en se frottant au domaine politique. Autrement dit, le lien entre vérité, politique et philosophie n'est pas celui

1. M. Foucault, *GSA*, *op. cit.*, p. 210.

traditionnellement dénoncé comme totalitariste où le rôle de la philosophie serait de dire le vrai sur la politique ou de dicter ce que doit être la constitution de la cité (rôle explicitement refusé au philosophe à la fin de la *Lettre VII*, dans la condamnation renouvelée de l'écriture[1]) ; la philosophie rencontre le réel en s'affrontant au politique pour faire l'épreuve de sa vérité, « elle a le courage de s'adresser à qui exerce le pouvoir »[2].

Une fois définie avec plus de précision la nécessité de l'intervention du philosophe dans la politique, la question des conditions de cette intervention se reformule en des termes, non plus d'occasion (*kairos*), mais d'efficacité : à quelles conditions le discours

---

1. Cf. Platon, *Lettre VII*, 344c : « Quand nous voyons une composition écrite soit par un législateur sur les lois, soit par tout autre sur n'importe quel sujet, disons-nous que l'auteur n'a point pris cela au sérieux s'il est sérieux lui-même et que sa pensée reste enfermée dans la partie la plus précieuse de l'écrivain. » Ce texte disqualifie toute lecture de Platon qui chercherait le fondement d'une pensée politique « totalitaire ». Une telle lecture ne tient pas compte du jeu complexe des textes platoniciens à l'égard de la nomothétique. Le rôle d'un philosophe ne sera jamais de présenter un ensemble de lois pour que la cité soit gouvernée comme il faut, mais de s'exercer et d'exercer le roi au frottement continu de la pensée pour déterminer toujours plus loin le juste et l'injuste et exercer son jugement.
2. M. Foucault, *GSA, op. cit.*, p. 210.

philosophique peut-il être certain qu'il ne sera pas seulement *logos*, mais aussi *ergon* dans le champ de la politique ? À quelles conditions peut-il faire l'épreuve de sa réalité ?

La réponse vient d'une métaphore : le philosophe doit être pour la cité tel un médecin pour son patient. Cette comparaison avec la médecine donne des indications intéressantes sur l'art philosophique du conseil politique.

1) De la même manière que, pour être homme et médecin, il faut s'adresser à un malade qui accepte de suivre les prescriptions, pour être philosophe et conseiller politique, il faut s'adresser à la volonté politique du monarque. La pratique du conseil politique est conditionnée par l'écoute que le philosophe peut recevoir. Et cette écoute doit trouver elle-même sa réalité dans la mise en pratique des conseils donnés, dans le changement concret, effectif du régime de vie, de la *diaita*. Cette condition d'écoute a une conséquence forte : on est autorisé à supposer que Platon rejette ici l'idée d'un philosophe martyr car le martyre est précisément la preuve que le discours philosophique est resté un verbe creux.

Étranger à la rhétorique qui n'a pas besoin de cette condition d'écoute, le conseil politique n'est pourtant pas étranger à la persuasion, tout au contraire. Comme la médecine est un art de persuasion, et comme le bon médecin est celui qui persuade son malade de la justesse de ses prescriptions[1], le conseiller n'est pas seulement un législateur qui indique comment gouverner et à quelle loi obéir, il doit aussi persuader ceux qui gouvernent. Il ne peut pas échapper à l'épreuve du dialogue qui donnera à son *logos* la force que lui confère le fait que soient reconnus par celui qui le reçoit son organisation propre, son lien avec la vérité, sa pertinence, son ajustement aux circonstances, son absence de compromis, etc. Il y a une indispensable « reconnaissance » qui atteste la vérité d'un discours : il faudra que le roi reconnaisse au conseiller ses qualités intellectuelles et au conseil sa pertinence pour que le discours philosophique rencontre son réel. Un discours de seule contestation, de violence, « qui voudrait entrer comme par effraction dans la cité » ne rencontrerait pas la réalité au sens où la philosophie peut rencontrer sa réalité[2]. La philosophie ne peut pas parler à elle seule, elle ne peut pas se proposer comme violence, elle répond à une volonté philosophique et à une attente[3].

1. Cf. Platon, *Lois* IV, 720a-e.
2. M. Foucault, *GSA, op. cit.*, p. 217.
3. Si d'ailleurs le discours philosophique ne doit pas s'écrire, c'est

2) Cette métaphore médicale nous délivre un autre enseignement : que le discours du conseil est tel un diagnostic posé sur un corps politique malade. Son rôle est d'intervenir quand le régime est mauvais, et non lorsqu'un gouvernant prend des décisions saines et dans le cours normal des choses. Il aura à diagnostiquer les causes du mal ; à saisir l'occasion d'intervenir et à rétablir la santé du régime. Son rôle est donc essentiellement « critique », un rôle qui joue dans la crise. Et, comme un remède est souvent un désagrément, le discours vrai du philosophe sera désagréable. C'est que l'objectif n'est pas de plaire mais de soigner (le plaisir et le soin sont ce qui oppose l'art de la cuisine à celui de la médecine, comme ils opposent aussi la flatterie au discours franc).

On trouve chez Arendt une analyse assez proche de ce constat d'un discours philosophique éthique qui n'a de rôle politique que dans la crise :

« La morale socratique n'est *politiquement* pertinente qu'en temps de crise et le soi, pris comme critère ultime de la conduite morale, est politiquement une sorte de mesure d'urgence[1]. »

qu'il n'est pas législatif. Il ne se propose pas comme une loi, avec la contrainte y afférant. Il est une prescription, un conseil et comme tel, il doit persuader.

1. H. Arendt, *RJ*, *op. cit.*, p. 131.

En temps de crise, comme dans la Shoah, les circonstances d'exception exigent précisément des acteurs un jugement parce que le simple fait de suivre ou d'agir machinalement les conduit à devenir des monstres. En dehors de ces temps de crise, l'examen de soi est une mesure dangereuse, qui peut rendre meilleurs les bons mais aussi rendre pires les mauvais parce qu'il supprime la référence aux cadres traditionnels de la conduite, de la morale au sens d'us et coutumes ou d'un code que tous respectaient sans y penser. Selon Arendt, il est donc normal que la cité athénienne ait considéré Socrate comme un dangereux individu, dans la mesure où il voulait que l'homme « pense et juge par lui-même », de sorte que l'on puisse se passer de normes et de règles fixes, alors même qu'il niait la possibilité que tout homme pense en effet par lui-même[1]. Platon, qui nie lui aussi que tous aient également en partage le naturel philosophe, propose une autre éducation au courage, qui confère à tous et de manière quasi mécanique les opinions droites au sujet de ce qu'il y a à craindre ; ce faisant, il rétablit en quelque sorte les us et coutumes, une morale de l'habitude. L'autre courage, celui du discours vrai sans

1. Cf. H. Arendt, *RJ*, *op. cit.*, p. 131.

compromis, ne s'élèvera qu'en temps de crise et ne s'adressera qu'au tyran que l'on peut supposer doté d'un naturel philosophe. Ce que Platon ajoute à Socrate, c'est la nécessité de persuader, d'adresser son conseil lorsqu'il y a une promesse d'écoute et de l'adresser à celui dont on peut penser qu'il est apte à juger et à penser par lui-même.

Cette deuxième condition, le naturel philosophe, signifie que quand le philosophe s'adresse au tyran, le contenu de ses conseils n'est pas positif – il ne lui adresse pas une constitution ni d'ailleurs aucun texte écrit, qu'il suffirait de suivre aveuglément – ce qu'il lui conseille, c'est un mode d'être, un rapport à soi. Car, pour être un bon souverain, le tyran doit d'abord apprendre à juger et à être philosophe. Le discours philosophique rencontre donc sa réalité en adressant au souverain des conseils susceptibles d'être écoutés, parce que celui qui parle et celui qui écoute ont en partage un même rapport à eux-mêmes et à la vérité ; ces conseils ne sont pas les conseils de l'expert s'imposant de l'intérieur même du domaine de la politique – de ce point de vue, les conseils de Platon sont assez pauvres –, mais des conseils critiques, qui positionnent la philosophie *par rapport* au politique mais pas *dans* le champ politique.

Contrairement à l'Orient où l'État s'est pensé et a défini ses choix fondamentaux à partir de positions philosophiques, comme par excellence dans le confucianisme, on voit se dessiner dans la philosophie « politique » platonicienne (et peut-être plus largement en Occident) deux portraits de philosophes anti-despotes qui mettent en jeu le courage du philosophe : le philosophe peut être un anti-despote à la manière socratique, en affirmant que quels que soient les abus que le pouvoir peut exercer sur lui ou sur les autres, en tant que philosophe, il restera, lui, indépendant par rapport au pouvoir et qu'il aura le courage de dire ce qu'il croit juste et vrai quand il croira ne pouvoir se soustraire à l'obligation de dire vrai pour préserver une cohérence avec son propre système de valeurs – quand les circonstances l'auront contraint à s'exprimer publiquement (la fonction de prytane qui amène Socrate à donner son avis sur la culpabilité de généraux athéniens à la bataille des Arginuses ou la désignation par les Trente pour accomplir une tâche jugée indigne, aller chercher pour l'exécuter un citoyen injustement jugé coupable). Le philosophe pourra être aussi un anti-despote à la manière platonicienne en se faisant le conseiller ou le pédagogue du Prince, en lui enseignant cette sagesse, cette vertu, cette vérité qui seront capables, lorsqu'il aura à gouverner, de l'empêcher d'abuser de son pouvoir. Dans ce cas, la philosophie ne dictera pas au tyran ce qu'il a à faire, mais ce qu'il a à *être* en tant que souverain. Cette seconde forme paraît plus gênante. C'est qu'elle réouvre une question délicate qui est loin d'être close : est-il licite et avantageux que le philosophe soit le conseiller du chef de l'État ? Le courage du philosophe y perd un peu de sa radicalité ; il est réduit par la condition d'écoute que le conseiller du Prince doit rencontrer pour parler. Et à travers la tension existant entre la vérité et l'efficacité politique, c'est aussi la tension entre le courage du dire vrai et la persuasion qui se marque. Car celui qui veut persuader doit prendre la mesure de son public, comme Platon a pris la mesure de Denys, tandis que celui qui parle franc doit d'abord prendre la mesure de ce qu'il pense vrai. C'est donc bien, à terme, l'irréductibilité du courage de dire la vérité à la diplomatie, et l'absence de dimension sociale constitutive de ce courage de la vérité qui doivent être mises en avant. Celui qui dit vrai prend toujours le risque de défaire le lien social qui le lie à son interlocuteur.

3. Le courage comme effort patient

*D*ANS CE CHAPITRE, nous renouons avec une vision plus anthropologique du courage, comme dans le chapitre sur Homère et la conception traditionnelle du courage en Grèce antique. Cette optique tient d'abord à la teneur de la figure du courage dégagée, qui renvoie à une des formes de courage qui constitue notre fond de commerce actuel sur la notion : pour l'homme de la rue, le courage de se lever tous les matins, de persister dans l'effort fait pleinement sens, comme le courage de l'exploit héroïque et davantage que le courage comme maîtrise de soi, le courage lucide et le courage du discours de vérité du philosophe. Cette optique anthropologique permet aussi de clarifier la transition entre monde grec et monde chrétien, du point de vue des valeurs et des concepts. À l'orée du Moyen Âge, on assiste en effet à une importante redéfinition de la morale et des vertus liée à la domination sans partage de l'idéologie chrétienne. L'éthique théorique et pratique, qui était pourtant en grande partie héritée des Grecs – de Platon essentiellement –

est profondément transformée par l'importance prise dans le monde chrétien par un certain nombre de valeurs nouvelles, telles que l'humilité, l'abandon et le renoncement à soi-même, qui sont des thèmes étrangers à la conceptualité et à la « sensibilité » grecques, plus soucieuses de grandeur d'âme, de sentiment d'honneur, de construction et de maîtrise de soi.

C'est du côté du mode de vie et de la morale « pratique » que la rupture est la plus frappante. Pour un motif théologique : les Pères de l'Église étaient sans doute disposés à reconnaître à quelques philosophes grecs, et particulièrement à Platon, la découverte de vérités conformes à celles de l'Évangile et à les mettre sur le compte d'une source commune : Platon aurait emprunté à Moïse et aux prophètes tout ce qu'il y a de vrai dans son enseignement. Mais si les platoniciens étaient capables d'avoir une vision juste des principes moraux de l'action, ils ne donnaient pas les outils adéquats pour parvenir à transformer les individus selon ces principes. Et, de fait, dès l'Antiquité, des apologistes et des Pères de l'Église comme Justin, Origène ou Augustin ont pu présenter le christianisme comme le seul mode d'être et le seul style de vie menant à la sagesse ou à la bonté. La réalisation des buts mêmes de la vie philosophique, à savoir la guérison, l'accès au bonheur et la justice, devait désormais passer par les formes de la vie chrétienne. Or, c'est précisément autour de ces nouvelles notions d'humilité, d'abandon et de renoncement à soi-même que cette vie chrétienne s'est construite, en opposition à l'« orgueilleuse » philosophie antique fascinée par les pouvoirs de la raison. La finalité ultime de la vie humaine ne pouvait plus être atteinte par les moyens de la seule raison, il y fallait l'intervention de la Grâce divine qui répondait à l'humble reconnaissance par l'homme des limites de son pouvoir de se sauver lui-même.

Les nouvelles notions d'intention ou de volonté viennent modifier la conception de l'action politique et du combat éthique. Le courage n'est plus uniquement une question d'acte, mais plus essentiellement une question d'intention et de décision. C'est un acte mental et non physique. Il est aussi étranger à toute politique parce que tenu à une condition de discrétion : l'humilité chrétienne marque ainsi le terme d'une évolution dans la conception du courage depuis le geste gratuit, éclatant et mémorable du héros homérique jusqu'à la lutte obscure et laborieuse du pécheur, depuis la magnanimité et l'honneur glorieux du combattant jusqu'à son humilité la plus complète dans le renoncement à soi[1]. Le courage du quotidien remplace le courage du geste d'éclat et la résignation silencieuse du moine paraît désormais plus véritablement courageuse que l'audace du dire vrai du philosophe face au peuple ou au tyran.

Nous entreprendrons dans la suite de raffiner un peu cette opposition entre l'honneur et l'humilité et de voir quels types de problèmes l'acte et l'action posent au penseur chrétien et particulièrement à Augustin, choisi pour le caractère emblématique de sa réflexion sur l'intention et la volonté qui a pesé sur toute l'éthique médiévale. Il s'agit moins ici de rendre raison de la pensée chrétienne, et particulièrement de celle d'Augustin, que d'y déceler une nouvelle figure, négative, d'un courage essentiellement pensé à partir du thème du découragement et de l'effort pour vouloir.

a. Vice et vertu : le courage et le découragement

Le christianisme peut être considéré comme la doctrine ayant fait du courage une vertu « cardinale »,

1. D'où la difficulté pour Thomas d'Aquin de concilier Aristote et Augustin, c'est-à-dire la valeur antique de la *megalopsychia* avec l'*humilitas* chrétienne (cf. R.-A. Gauthier, *Magnanimité : L'idéal de la grandeur dans la philosophie païenne et dans la théologie chrétienne*, Paris Vrin, 2002.).

c'est-à-dire une de ces quatre vertus jouant un rôle « charnière » (d'où leur nom de « cardinales », du latin *cardo*, le « pivot » ou le « gond ») dans l'action humaine et conditionnant ainsi l'existence même des autres vertus. Ces vertus sont la *prudence*, qui dispose la raison pratique à discerner en toutes circonstances le véritable bien et à choisir les justes moyens de l'accomplir ; la *tempérance*, qui assure la maîtrise des désirs ; la *force*, c'est-à-dire le courage, qui assure la fermeté et la constance de l'effort dans la poursuite du bien, affermissant la résolution de résister aux tentations, et enfin la *justice*, qui repose sur la constante et ferme volonté de donner à chacun ce qui lui est dû[1]. Les chrétiens assimilent le courage à la force, non

---

1. Ces quatre vertus étaient en réalité déjà définies par Platon dans le livre IV de la *République*. Et trois siècles plus tard, Cicéron soulignait que ce même ensemble de vertus avait été repris par les stoïciens et les épicuriens (*Des fins*, I, 13-16). Mais c'est à partir des chrétiens, et notamment d'Ambroise dans le *De sacramentis* qui leur attribue le nom de vertus « quasi cardinales […], quasi principales », qu'elles connaîtront une certaine postérité en Occident. Elles sont également connues dans le judaïsme hellénisé (Philon d'Alexandrie, IVe livre des *Maccabées*) et chez les Pères de l'Église. On les trouve dans un livre grec de l'*Ancien Testament*, le Livre de la Sagesse (8,7) : « Aime-t-on la rectitude ? Les vertus sont les fruits de ses travaux, car elle enseigne tempérance et prudence, justice et force. »

pas la force brutale à l'égard du faible, mais la force d'âme, la capacité de tenir bon, comme dans les philosophies de l'époque classique.

Ce groupe de quatre vertus cardinales est complété par trois vertus « théologales » (la foi, l'espérance et la charité), qui les rendent plus parfaites. Leur ensemble est parfois appelé celui des sept vertus catholiques, auxquellles répondent, dans une sorte d'équilibre de forces antagonistes, les sept péchés capitaux. C'est peut-être cet ajout des vices aux vertus qui permet le mieux d'éclairer le divorce entre la morale chrétienne et la morale grecque. Cette théorie des sept péchés capitaux a en effet déterminé fondamentalement la morale chrétienne comme une morale négative de la faute et de l'humilité nécessaire au salut.

Parce qu'ils ont pensé les vices avant les vertus, les chrétiens ont pensé le courage à partir du thème du découragement. Cette nouvelle figure du courage conduit à minorer la notion première de force au profit de la lassitude, de la paresse, de la difficulté à s'efforcer de faire ce qu'il est requis, bref de l'absence de force. Cet intérêt pour la figure chrétienne du découragement nous permettra d'analyser ici un nouveau type de rapport à soi auquel invite cette pensée du vice : le courage est désormais une manière de s'efforcer à quelque chose, une volonté velléitaire de combattre le mal plutôt que de modeler un rapport à soi constant et cohérent comme construction d'un moi idéal ou héroïque.

La vertu n'est plus pensée par les chrétiens comme un objectif de la vie morale mais comme son horizon. Il ne s'agit plus, comme pour Aristote exemplairement et pour les Grecs de manière plus générale, de prendre l'habitude d'agir bien ou courageusement pour devenir effectivement bon ou courageux[1]. La morale n'est plus aussi « positive » dans les deux sens de ce terme parce que la vertu est hors de portée en cette vie ; comme l'horizon, elle recule à chaque pas fait dans sa direction. On ne s'en rapproche donc plus positivement, dans une lutte pour devenir plus tempérant, plus prudent, plus juste et plus courageux ; on ne s'en approche que négativement, dans un combat *contre* les vices, qui est inachevé par principe. La morale est certes toujours conçue comme un combat spirituel, et on retrouve d'ailleurs dans la littérature

---

1. Cf. Aristote, *EN* II, 1, 1103b-7 *sq.* : « Les actions sont à l'origine de la production d'une vertu […] ; c'est en accomplissant telles ou telles actions dans les dangers ou en prenant des habitudes de crainte ou de hardiesse que nous devenons, les uns courageux, les autres poltrons. »

morale chrétienne l'usage d'un vocabulaire d'origine militaire – les règles monastiques guidant la vie spirituelle parlent de « soldats », « jeunes recrues » ou « vétérans », et d'« ennemi », de « machines de guerre », de « flèches » et de « boucliers », de « défaites » ou « victoires », etc.[1] Mais la négativité de ce combat « contre » plutôt que « pour » signale une modification essentielle du contenu de la vie et de la tâche morales. Si la morale grecque était centrée sur la liberté de s'instituer créateur du monde et de soi-même, et de se former à l'image d'un idéal visé, la morale chrétienne a plutôt engagé une éthique de l'humilité considérant l'homme comme un pécheur ayant à en prendre conscience pour combattre plus efficacement et plus lucidement le mal qui l'habite. Partant d'un tel postulat, l'éthique chrétienne ne s'est plus tenue à rapporter l'homme aux principes généraux d'un code de conduite ou aux valeurs d'un idéal de vie morale, elle est devenue un examen intime de l'âme dont l'objectif

1. La source chrétienne de ce vocabulaire se trouve chez saint Paul. Les Pères de l'Église ont développé, dans la lignée de la doctrine paulienne, l'idée de la vie chrétienne comme combat quotidien dans l'armée du Christ. On trouve aussi ce vocabulaire militaire en Orient chez les Pères du Désert et Cassien s'en est fait l'écho en Occident : l'idée d'une lutte contre les péchés est ainsi devenue le centre de la vie des moines et de la morale chrétienne.

est, pour employer le vocabulaire de Foucault, celui d'une « herméneutique de soi »[1]. Car ce que le sujet chrétien oublie, ce n'est plus comme dans l'éthique grecque ce qu'il aurait dû faire et l'ensemble des règles de conduite et de valeurs lui dictant ce devoir ; ce qu'il oublie, c'est sa nature d'homme pécheur. Les *Confessions* d'Augustin sont un témoignage fort et frappant de cet oubli de soi :

> « Tu me retournais vers moi-même, dit Augustin à Dieu, me ramenant de derrière mon dos où je m'étais mis pour ne pas porter les yeux sur moi ; et tu me plaçais bien en face de moi, pour me faire voir combien j'étais laid, combien j'étais difforme et sordide, couvert de taches et d'ulcères. Je voyais et j'étais horrifié ; mais il n'y avait pas de lieu où fuir loin de moi. Si j'essayais de détourner de moi mon regard […], toi, de nouveau, tu me plaçais devant moi, tu enfonçais mon image dans mes yeux pour me faire rencontrer mon iniquité et la haïr[2]. »

1. Cf. particulièrement « L'herméneutique du sujet », 1982, (résumé du cours, Annuaire du Collège de France, 82ᵉ année, Histoire des systèmes de pensée), *Dits et Écrits*, t. IV *(1980-1988)*, Paris, Gallimard, « NRF », édition établie sous la direction de D. Defert et F. Ewald, 1994.
2. Augustin, *Confessions*, VIII, VII, 16, trad. É. Tréhorel et G. Bouissou, introd., notes par A. Solignac, Paris, Desclée de Brouwer, « Bibliothèque augustinienne » 13-14, 1998. Plus loin mentionné *Confessions*.

La poigne du Seigneur maintient ferme le pécheur, le nez sur l'immondice, comme la truffe du chien sur l'excrément coupable, encore un peu, qu'il lui devienne odieux et qu'il ne recommence plus. Cet examen, ici forcé par Dieu, deviendra dans les monastères le devoir quotidien du chrétien :

> « Que chacun, après avoir reconnu le vice qui le serre de plus près, institue de ce côté principalement le combat, et observe avec toute l'attention et la sollicitude dont il est capable ses démarches offensives ! [...] Cependant, l'heure vient que l'on se sent délivré : que l'on sonde alors derechef, du même regard attentif, les secrets détours du cœur, afin d'élire parmi les vices celui que l'on reconnaîtra le plus terrible, et que l'on mette en branle contre lui plus spécialement toutes les armes de l'esprit[1]. »

Cette recherche de la vérité du mal caché en chacun ne s'effectue pas sans repère. Pour reprendre ce vocabulaire nettement martial, il y a un « gibier », un « ennemi » recherché et pisté : les sept péchés capitaux. L'herméneutique chrétienne a donc été très fortement balisée par la théorie évagrienne des huit vices jusqu'au VIᵉ siècle, puis par son adaptation grégorienne des sept péchés capitaux.

1. J. Cassien, *Conférences*, V, XIII, trad. É. Pichery, t. I, Paris, Cerf, « Sources chrétiennes », n° 2, 1955.

Cette conception négative de la morale, qui consiste à chercher en soi l'œuvre du mal, a évidemment reflué sur la conception chrétienne du courage. Si l'objectif de la vie spirituelle du chrétien reste bien tracé par une sentence toute positive visant l'excellence, comme dans l'Antiquité : « Soyez parfaits comme votre Père céleste est parfait » (Mt. 5, 48), c'est une tâche sans garantie de succès et même sans assurance d'une avancée définitive ; c'est une tâche vouée à la répétition sans fin plutôt que proposée à une réalisation progressive et, à terme, accomplie. De sorte que le découragement menace à chaque instant cet itinéraire qui n'a pas de réalisations définitives sur lesquelles s'appuyer. La crainte ou le dégoût de l'effort, les rechutes, les échecs, les recommencements indéfinis et apparemment vains : autant de signes de la faute originelle qui sont à la source d'un inévitable découragement.

Ce découragement est *structurel*, il tient à la conception même du cheminement moral. Conçu à partir du constat premier d'un découragement qui menace continûment et dans le mouvement dialectique qui l'oppose à son contraire, le courage n'est plus qu'une résistance *à* ou *dans* l'effort, une capacité d'endurer la souffrance et d'essuyer les insuccès immanquables et répétés de ce chemin. Ce n'est pas le courage de poser un acte – ni surtout de faire une action au sens politique du terme –, mais celui de se maintenir dans un programme de vie quotidien, même lorsque le sens de ce programme échappe. La conception chrétienne du courage oppose alors à l'ampleur de la raison grecque une myopie de la situation présente et des interventions urgentes qu'elle requiert. Comment faire front à ces pensées mauvaises qui affluent constamment, à cette lassitude, cette envie d'abandon qui ruine l'envie et l'espoir ?

Le découragement est d'ailleurs l'un des huit vices désignés aux attaques du combattant : l'acédie. En grec, *akèdia* veut dire « indifférence », « négligence ». Historiquement, la notion s'est appliquée au groupe restreint des moines qui ont choisi de mener une vie érémitique ou semi-anachorétique (solitaire) par distinction avec la vie conventuelle (communautaire) des cénobites. L'acédie définit alors la prostration de l'anachorète qui désinvestit le mode de vie solitaire qu'il s'est choisi. L'idéal ascétique devient sans force et la vie spirituelle paraît monotone, sans but, pénible et inutile. Par contraste, le courage est donc pensé comme la force d'âme qui maintient vivant le projet d'une vie solitaire consacrée à Dieu. Penser le courage à partir de la notion d'acédie, revient donc à le penser à partir de la solitude. C'est un courage né de la solitude et défini comme la capacité d'affronter ses tourments. Il y a un élément fondamental de solitude dans le courage que met au jour l'anthropologie chrétienne : l'acte courageux m'incombe à moi seul, et le moment le plus solitaire de la vie, c'est-à-dire la mort, est d'ailleurs aussi communément considéré comme ce qui exige le plus grand courage. Ce courage de mourir seul n'a plus rien de commun avec le courage de tenir son rang dans cette grande collectivité grégaire qu'on appelle une armée.

La notion d'acédie a peu à peu disparu en Occident – sans doute parce que le monachisme occidental a élu très majoritairement un mode de vie communautaire. C'est celui des huit vices de la théorie d'Évagre qui a disparu dans sa transition vers l'Occident et les sept péchés capitaux de Grégoire. Cette disparition entraînera l'insistance sur une autre forme du découragement, qui ne naîtrait plus spécifiquement de la solitude, mais du travail. À la fin du Moyen Âge, le terme d'acédie s'est en effet sécularisé dans le sens de paresse, soit comme répugnance au travail, soit comme relâchement dans la quête spirituelle.

Le courage ne s'oppose alors plus comme dans l'Antiquité à la lâcheté, mais à la paresse et à la mollesse de la volonté. Ce qu'il affronte alors, c'est moins la solitude que la fatigue liée à la répétition incessante. Dans cette lutte nouvelle contre la paresse et le relâchement de l'effort spirituel qu'il incarne, le courage va donc se trouver lié au labeur : le courage des chrétiens est un courage besogneux.

La transition avec la conception traditionnelle du courage par les Grecs est de nouveau très frappante puisque la majorité des études anthropologiques et historiques faites sur le travail en Grèce ancienne s'accordent pour souligner la dépréciation manifeste et massive dont il souffre. Le courage ne pouvait être celui de travailler car le travail était une activité privée, privée donc également de toute vertu. C'est ainsi que, comme le souligne Aristote, on cachait les travailleurs qui « avec leurs corps pourvoient aux besoins de la vie »[1], alors que l'action (elle, possiblement vertueuse et donc courageuse) était une activité publique, appartenant au domaine de la *res publica,* des choses montrées ou montrables.

La valorisation chrétienne du travail s'accompagne *a contrario* d'une hostilité déclarée vis-à-vis du domaine

1. Aristote, *Politique*, 1254b 25.

public que résument à la fois une phrase célèbre de Tertullien : *nec nulla magis res aliena quam publica*, « rien ne nous est plus étranger que les affaires publiques » et le précepte biblique : « Mettez un point d'honneur à vivre dans le calme, à vous occuper chacun de vos affaires » (*I Thess.*, 4, 11). Si, chez les Grecs, l'excellence exigeait par principe la présence officielle d'autrui et que, par conséquent, le domaine de la morale n'était pas coupé du politique dont il dépendait, chez les chrétiens, on trouve au contraire une critique de la vertu ostensible qui débouche sur une critique de la manifestation elle-même et donc du politique, manifeste notamment dans la critique du pouvoir temporel dans la *Cité de Dieu*. Il y a un refus chrétien du monde inhérent aux bonnes œuvres, qui pour rester telles, doivent être cachées aux autres et oubliées sitôt accomplies car la reconnaissance et le souvenir suffisent à en affecter la bonté[1]. Le courage besogneux des chrétiens est par conséquent également

---

1. L'amour de la sagesse des philosophes et l'amour de la bonté des chrétiens ont donc ceci de commun « qu'ils s'annulent [...] dès que l'on admet qu'il est possible à l'homme d'*être* sage ou d'*être* bon » (H. Arendt, *CHM, op. cit.*, p. 117). La sagesse et la bonté ne peuvent survivre à l'instant de l'acte et ne peuvent être le fruit d'une conscience d'agir sagement ou avec bonté.

un courage fondamentalement apolitique, un courage discret qui, loin d'isoler une individualité sur la scène publique, lui demande au contraire de rester cachée – même et surtout dans la manifestation de ses vertus. Ainsi finalement, dans ce travail répétitif et au sein pourtant d'une communauté, la solitude reste le principal mode d'être :

> « L'homme qui est épris de bonté ne saurait mener une vie solitaire ; pourtant sa vie avec autrui et pour autrui doit essentiellement demeurer sans témoin [...]. Cet homme n'est pas solitaire, il est seul ; vivant avec les autres il lui faut se cacher aux autres[1]. »

Cette solitude n'est donc plus la solitude objective de l'anachorète, mais la solitude subjective de celui qui doit s'efforcer de se soustraire au regard d'autrui pour agir courageusement.

b. Psychologie du courage

Que la morale se présente sous la forme d'une herméneutique de soi, d'une analyse de ses pensées mauvaises, a donné naissance à une psychologie du courage inexistante jusqu'alors. L'abîme de ronces et

1. H. Arendt, *CHM*, *op. cit.*, p. 118.

de ténèbres sur lequel la conscience de soi s'ouvre désigne en effet une région neuve à explorer : l'homme devient un objet possible de recherche parce qu'il n'est plus conçu comme un idéal à atteindre, mais comme un sujet naturel fini, qui s'échappe à lui-même dans ses fautes et ses passions. Comme le souligne Maria Daraki, Augustin

> « s'est fait l'observateur attentif, conscient de mener une "recherche"[1] sur lui-même. Ce à quoi les Grecs se sont toujours refusés. Car chez eux le projet d'évacuation dont l'*homo naturalis* faisait constamment l'objet s'opposait à ce qu'on en fasse un objet d'étude : accepter de le connaître serait commencer à le reconnaître »[2].

En lien avec la valorisation du travail, cette psychologie naissante a été particulièrement attentive au thème de l'effort. Les termes grec et latin pour signifier le travail, *ponos* et *labor*, formaient déjà un réseau de sens où étaient liés travail, fatigue et effort. De sorte que valorisation ou dévalorisation du travail s'accompagnaient tout naturellement de la valorisation ou dévalorisation de l'effort. La valorisation d'un courage besogneux par les chrétiens a ainsi conduit à

1. Augustin, *Confessions*, *op. cit.*, X, 16.
2. M. Daraki, « L'émergence du sujet singulier dans les *Confessions* d'Augustin », in *Esprit*, 1981/2, p. 95-115, p. 107.

l'identification du courage à un effort de la volonté pour résister à une force opposée, venant parfois du dehors et parfois du dedans. Il arrive en effet fréquemment qu'une action qui, pour être réalisée, ne devrait en principe demander qu'une infime dépense d'énergie parce que la résistance extérieure est nulle, nous demande en réalité un prodigieux effort de volonté : « pour faire un simple geste, pour prononcer un mot décisif, pour dire un oui ou un non, il arrive que nous ayons besoin de tout notre courage »[1].

Les penseurs chrétiens, à commencer par Augustin, ont été particulièrement attentifs au conflit intérieur de l'âme et l'ont auscultée pour y dénicher ces tendances ou ces sentiments intérieurs, comme le découragement et la paresse, dont ils ont fait à la fois les obstacles internes et les conditions du courage. Celui qui ne rencontre nulle résistance n'aura pas connu « ce purgatoire de la résistance surmontée sans lequel la vertu ne peut-être méritoire »[2]. Le mérite tient à la somme des efforts consentis et donc au courage dont il a fallu faire preuve pour persister dans l'effort. Si donc l'excellence ne se manifeste plus au regard de

1. P. Souriau, *L'Entraînement au courage*, Paris, Félix Alcan, 1926, p. 4-5.
2. V. Jankélévitch, *TDV, op. cit.*, p. 365.

tous, c'est qu'elle se juge maintenant à la force du sentiment intérieur de l'effort consenti : au mérite. Elle est d'autant plus grande qu'en l'homme pécheur, les forces du mal, la *consuetudo*, la *libido* et les passions agissent toujours pour freiner la décision.

Pour reprendre le motif général de cette figure chrétienne du courage, on peut dire que la morale chrétienne a d'abord été une herméneutique de soi : la recherche des vices cachés au fond de l'âme. Cette herméneutique a donné naissance à une psychologie des sentiments négatifs, particulièrement attentive aux thèmes du découragement, de la paresse et de l'effort impuissant. Ces trois passions tristes sont liées à la structure même de la morale chrétienne : elle vise une excellence inatteignable à cause de la finitude de l'humanité pécheresse.

Les *Confessions* d'Augustin disent et redisent cet effort impuissant pour lutter contre soi-même :

> « Que n'ai-je pas dit contre moi-même ? De quelles verges mes pensées n'ont-elles pas fustigé mon âme pour l'obliger à me suivre, moi qui tentais de marcher derrière toi ? Et elle se cabrait, elle se récusait sans parvenir à s'excuser[1]. »

1. Augustin, *Confessions*, *op. cit.*, VIII, VII, 18.

« … Je disais en moi-même intérieurement : "C'est le moment. Tout de suite ! Oui, tout de suite." Et sur ce mot, j'allais déjà me décider à le faire. Déjà presque je le faisais ; et non, je ne le faisais pas. Je ne retombais pas pourtant au même point ; mais je m'arrêtais tout près, et je reprenais haleine. Je recommençais mon effort ; un peu plus et j'y étais ! Un peu plus et, déjà, déjà, je touchais et je tenais ! Et non je n'y étais pas, ne touchais pas, ne tenais pas, hésitant à mourir à la mort, et à vivre à la vie[1]. »

L'effort n'est pas requis seulement pour l'action, mais aussi pour la décision. L'effort n'a plus son expression première dans le passage à l'acte lui-même, mais bien dans la décision d'agir. Et cet effort, il faut souligner de nouveau à quel point il est pénible. Augustin interprète cette difficulté comme un vice lié à la forme même du fonctionnement de la volonté : il faut toujours deux volitions rivales pour vouloir, une volonté voulante et une volonté voulue, de sorte que « cette volonté partagée, qui veut à moitié et à moitié ne veut pas, n'est nullement un prodige ». Or, « si l'âme se mettait tout entière dans son commandement, elle n'aurait pas besoin de se commander d'être », l'ennui est que c'est elle qui veut et non-veut simultanément : « C'était moi qui voulais et c'était moi qui ne voulais pas… Ni je ne

1. Augustin, *Confessions*, *op. cit.*, VIII, IX, 25.

disais pleinement oui, ni je ne disais pleinement non »
– ce qui ne signifie pas que « j'avais deux âmes, ayant
chacune leur nature, l'une bonne, l'autre mauvaise » –
mais que les assauts de deux volontés dans une seule et
même âme « me déchirent »[1].

Le problème essentiel de cette force sans force qui
définit le courage chez les chrétiens et qui est au fondement de leur éthique, c'est qu'elle est comme em-
mêlée dans un rapport à elle-même, elle est volonté de
vouloir avant d'être volonté de faire ou d'avoir. Dès
lors, le courage est velléitaire : c'est un effort de la volonté qui doit d'abord affronter sa propre lassitude,
son apathie, son analgésie. Le problème essentiel du
courageux selon les chrétiens est de vouloir et le lâche
est, comme dit Jankélévitch, celui qui a « peur de vouloir en général »[2]. De sorte que l'on assiste dans la morale chrétienne à une double intensification du rapport
à soi, sous la forme d'une herméneutique de soi, visant
à chercher en soi la source du mal, et sous la forme
d'un effort pour vouloir, s'efforçant de dépasser ce mal[3].

1. Augustin, *Confessions*, *op. cit.*, VIII, IX, 21.
2. V. Jankélévitch, *TDV*, *op. cit.*, p. 371.
3. Et peut-être faut-il voir ici dans le stoïcisme une étape vers
   cette intensification et dans la constance du sage stoïcien,
   constantia sapientis, déjà la ténacité d'un vouloir acharné à se

Peut-être faut-il voir dans l'importance de ce rapport à soi un élément qui aurait contribué à asseoir davantage si c'était possible le recul du politique déjà œuvré par les stoïciens. Le courage défini par un rapport à soi aurait déserté la cité et la naissance d'une psychologie du courage aurait signé la fin d'une conception proprement politique du courage.

Le problème du courageux, selon les chrétiens, c'est donc de vouloir. Mais qu'est-ce que ce vouloir ? Pourquoi l'intellectualisme grec ne permettait-il pas de penser la volonté et en quels termes faut-il opposer leur courage lucide au courage velléitaire chrétien ?

vaincre et à se changer lui-même plutôt que la fortune ou l'ordre du monde. Pendant les deux premiers siècles de notre ère, le stoïcisme a envahi toute la culture romaine, aussi bien les cercles aristocratiques de Rome que les milieux populaires. Or, c'est précisément à cette époque que la doctrine chrétienne s'est développée en un système de pensée logiquement établi par les apologistes comme Justin, Tatien, Athénagore et Irénée ou par les Pères de l'Église tels Tertullien et Clément d'Alexandrie. Il y aura donc une influence certaine du stoïcisme ambiant sur la théologie chrétienne en voie d'élaboration. Plus précisément, c'est sur la spiritualité chrétienne que l'influence stoïcienne a été la plus forte. La théologie chrétienne est d'abord platonicienne et les exercices spirituels sont d'abord stoïciens.

Le concept majeur pour comprendre la différence entre *boulèsis* grecque et *voluntas* chrétienne, c'est celui de commencement. La volonté n'est plus le choix entre des possibles pré-dessinés, mais la faculté de créer *ex nihilo*. La théorie biblique de la création contenait en effet l'idée d'un commencement absolu, étranger au commencement que les Grecs concevaient comme toujours relatif, en accord avec leur conception cyclique du temps et de l'histoire : un geste ne pouvait être absolument neuf, il était toujours le fruit d'une chaîne de causes. La *boulèsis* ne pouvait pas vouloir à partir de rien, ou d'elle-même, mais seulement s'installer dans une chaîne de possibles pour choisir celui qui lui convenait le mieux – comme le dit Arendt, dans le système de la pensée pré-chrétienne, la volonté était dans le Je-peux[1] :

> « Dire, par exemple, qu'un homme paralysé ayant perdu sa liberté de mouvement ou un esclave placé sous le contrôle d'un maître n'en étaient pas moins libres dans la mesure où eux aussi avaient une volonté aurait paru une contradiction dans les termes[2]. »

1. Cf. H. Arendt, *Le Vouloir*, t. II de *La Vie de l'esprit*, trad. L. Lotringer, Paris, PUF, « Philosophie d'aujourd'hui », 1983, p. 33. Mentionné ci-dessous : *LV*.
2. H. Arendt, *RJ*, *op. cit.*, p. 141.

La question est alors de savoir si le courage volontaire ou velléitaire des chrétiens est bien d'abord un courage de commencer ou un courage de persévérer. On se trouve ici en présence d'une véritable ambiguïté de la pensée chrétienne du courage, tendue entre la valorisation de la patience, comme passion de la durée consentie, et la valorisation d'un effort, bien sûr lié au labeur quotidien, mais trouvant tout de même son terme dans la capacité radicale de commencer liée à une volonté humaine qui est à l'image de celle de son créateur : elle-même capable de créer. C'est une ambiguïté qu'il est possible de nuancer avec Thomas d'Aquin cependant.

L'idée d'un courage de la patience à endurer une existence pénible est particulièrement valorisée par Thomas d'Aquin qui distingue dans sa somme de théologie deux usages éthiques de la force, agresser et supporter, *aggredere et sustinere,* au profit du second :

> « *Tenir* est plus difficile qu'*attaquer* pour trois raisons :
> 1. Celui qui attaque joue, semble-t-il, le rôle du plus fort ; celui qui tient, c'est donc le plus faible qui résiste au plus fort, ce qui est toujours plus difficile.
> 2. Pour celui qui attaque, le péril semble éloigné, tandis qu'il est présent pour celui qui supporte l'attaque, et pour lequel, par suite, il est plus difficile de ne pas être ébranlé.

3. Tenir ne va pas sans longueur de temps ; attaquer, au contraire, peut être l'effet d'une impulsion soudaine. Or, il est plus malaisé de rester longtemps inébranlable que de se porter tout à coup à quelque chose de difficile. Pour tenir, il faut que le corps pâtisse, mais surtout, que l'âme agisse pour s'attacher au bien avec une force telle qu'elle ne cède pas à la souffrance physique[1]. »

Le courage est ainsi dans la lignée de l'aristotélisme une habitude de l'âme, une *hexis*, qui la dispose à tenir bon. C'est donc la patience de subir l'ordinaire. Mais Thomas propose une conception active de la patience : la patience serait le mot d'ordre d'une vie éthique qui nous fait supporter le fardeau de l'existence sans faiblesse et sans abattement. Il ne faudrait donc pas, comme le souligne

---

1. Thomas d'Aquin, *Somme Théologique*, qu. 126, art. 3. Cette valorisation de la patience se trouve dans une lignée qui peut être tracée d'Ulysse, qui est devenu le modèle de la patience active du héros en proie aux malheurs, transformant sa faiblesse en force, aux Lyriques comme Archiloque qui consacrent l'affirmation de l'idéal d'endurance : « Aux maux les plus incurables, ami, les dieux ont ménagé un remède : la fermeté d'un cœur endurant (*kraterèn tlèmosunèn*) » (Archiloque, frgt 1). On retrouve ce thème du tenir bon que nous avons vu chez Socrate et Platon, et il sera également repris ensuite par Épictète : « Le poste, le rang que tu m'assignes, je mourrai mille fois, comme dit Socrate, avant de l'abandonner » (*Entretiens*, III, XXIV, 99).

W. Baranès[1], la concevoir selon le sens qu'en donne le discours vulgaire « qui valorise à l'intention de ses ouailles une conception de la vie terrestre qui n'est qu'une attente du ciel, et qui consiste à supporter le monde tel qu'il est, et à prendre la souffrance pour une donnée indépassable de chacun des moments de l'existence dans ce monde ». Jankélévitch propose la signification positive de cette patience active : il ne s'agit pas seulement de réduire à rien le malheur, ou de supporter avec résignation la douleur d'un triste sort, il faut encore « en faire un bien pour moi : un bien en tant que source de renforcement », un bien parce que « je me vois tiré, élevé à la tâche de me montrer à la hauteur de l'événement », je suis « provoqué à répondre à tant de maux par une résistance fière », enfin, un bien en tant que « signe d'élection de Dieu » qui « n'encourage par des épreuves que ceux qu'il trouve dignes »[2]. Le courage comme résistance patiente trahit donc les caractéristiques fondamentales de la pensée chrétienne : c'est un courage volontaire, mais cette volonté n'est pas pure, elle doit toujours être à la fois

1. W. Baranès, « Renoncer au renoncement », in *La Patience. Passion de la durée consentie*, éd. Autrement, 1992, p. 20.
2. V. Jankélévitch, *TDV, op. cit.*, p. 33.

en rapport à elle-même, pour se forcer de vouloir, et en rapport à la volonté de Dieu, pour renoncer à elle-même au profit de Sa volonté. Le courage comme résistance patiente est donc le courage velléitaire d'une volonté qui n'est pas autonome.

À côté de cette patience active de la durée, il y a place aussi – particulièrement chez ce philosophe de la volonté qu'est Augustin – pour une autre conception du courage comme volonté : le courage de commencer. Cette conception du courage est celle qui a amené la redéfinition des rapports de la connaissance et de la volonté par les chrétiens : le courage de commencer est le courage qui déborde infiniment la connaissance et qui nous permet d'accomplir le saut périlleux entre la vision de ce qu'il y a à faire et l'acte même. Le courage ainsi conçu est une manière de trancher dans un aveuglement momentané, comme en fermant les yeux, pour franchir effectivement le Rubicon de l'acte. C'est le courage d'une impulsion momentanée, d'une décision instantanée pour trancher dans l'hésitation. La volonté est alors cette capacité de commencer qui fait défaut à la connaissance, état de passivité qui étale et déploie devant nos yeux tous les aspects d'un problème sans nous donner les moyens de décider. Au contraire, les perspectives que la connaissance permet d'avoir sur

le retentissement prolongé de toute décision instantanée sont propres à paralyser la volonté la plus courageuse. Mais du coup, ce courage n'est plus une *hexis*,
comme les vertus d'Aristote ; c'est une décision qui
s'arrache à chaque fois de haute lutte, et qui est toujours relative aux circonstances, aux obstacles intérieurs et extérieurs, au moment, à l'état d'esprit. Ces
facteurs de circonstance empêchent l'installation
d'un courage habituel ou inerte :

> « La vertu du commencement est la plus haletante et
> discontinue ; le courageux ne peut se reposer sur le mou-
> vement soi-disant acquis de son courage sans devenir
> *ipso facto* un automate[1]. »

Qu'il soit impulsion dans la nuit aveugle ou résis-
tante patience, le courage volontaire des chrétiens reste
celui d'une volonté de renoncement et peut-être faut-
il aller jusqu'à dire qu'il n'y a pas de philosophie de la
volonté qui ne soit aussi une critique du volontarisme.
Ce que sa perspective implique, c'est une psychologie
qui part de l'intime, de la sensation interne tout à la
fois d'un effort et d'une puissance d'agir. Comme le
diront ensuite Hobbes et Spinoza pour critiquer les
théories de la volonté, si vous vous placez à l'intérieur

1. V. Jankélévitch, *TDV*, *op. cit.*, p. 366.

d'une toupie ou d'une pierre lancée, c'est la sensation de l'effort produit qui vous donnera le sentiment d'être à la source de votre propre mouvement.

II. Les politiques du courage
Le courage des Modernes

1. Les passions modernes : la peur et l'intérêt

Globalement, on peut considérer que le courage, dans le monde moderne, perd sa place de vertu cardinale. Si de multiples philosophes – Descartes, Pascal, Spinoza, Hobbes… – produisent encore des réflexions sur les passions et les affects[1], en insistant bien entendu sur la nécessité de leur contrôle volontaire et

1. Voir sur ce point R. Bodei, *Géométrie des passions. Peur, espoir, bonheur : de la philosophie à l'usage politique*, Paris, PUF, 1997.

rationnel[1], on peut considérer que deux passions sont tout particulièrement représentatives du questionnement moderne, deux passions qui permettent l'une et l'autre de faire l'impasse sur la vertu du courage : la peur et l'intérêt.

La peur est la *passion civilisatrice* du XVIIe siècle. Ainsi, chez Hobbes, elle permet de penser et de fonder de manière rationnelle et strictement humaine la nécessité de l'État et du passage au politique. L'horizon de celui-ci exclut donc d'emblée l'utilité d'un questionnement sur le courage, une vertu qui semble signifier le maintien de finalités extrinsèques à l'homme, ce qui n'est pas rationnel, et qui anéantit surtout la possibilité d'un fondement de l'État à partir d'un contrat social reposant exclusivement sur ce surcroît de rationalité qui peut découler de la peur, d'une peur généralisée : la peur, c'est ce qui se partage ; c'est donc ce sur quoi on peut bâtir l'idée nécessaire d'un pouvoir. Fût-ce pour donner tout son relief historique à cette idée, encore si actuelle, de la peur comme passion civilisatrice, il faut signaler ici l'heureuse exception que représente Spinoza quant à cette exploitation

1. Ainsi, Spinoza appelle *animositas* ce « désir par lequel chacun s'efforce de conserver son être sous la seule dictée de la raison » (*Éthique,* III, 59). Voir aussi *Éth.*, IV, prop. 63 et dém.

de la crainte pour penser le politique (sans pour autant développer un questionnement particulier sur le courage), non pas que cette dernière soit absente de sa pensée éthique et politique, mais étant donné qu'elle ne dessine pour lui aucune possibilité de dépassement, dès lors que la peur des gouvernés continue de se heurter à la peur des gouvernants : la puissance du souverain se *mesure* constamment à celle de la multitude (voir par exemple son *Traité Politique* III, 2 ou III, 9). De la sorte, Spinoza exclut la possibilité d'un gouvernement par la peur, considéré comme nécessairement voué à l'échec : gouverner ou être gouverné par la crainte signifie ne pas relever de soi-même, ne pas relever de son propre droit. Dès lors, comme Spinoza le précise dans le chapitre V du *Traité Politique*, le meilleur État, c'est-à-dire celui où les hommes mènent véritablement une vie humaine, est celui où la multitude est libre, où elle est « conduite par l'espoir plus que par la crainte », où elle « s'efforce de cultiver la vie » plutôt qu'elle ne « cherche qu'à éviter la mort »[1].

Mais si la peur, telle qu'exploitée par Hobbes, est civilisatrice, c'est seulement dans la mesure où

---

1. Spinoza, *Traité Politique*, V, 5 ; cité d'après la traduction supervisée par L. Bove, Paris, Livre de Poche, 2002, p. 159 (mentionné désormais sous la forme suivante *TP*).

elle peut induire des actes rationnels. Et ces actes sont eux-mêmes rationnels dans la seule mesure où l'homme calcule. L'homme peut être considéré comme calculateur dès lors que l'on dispose à son sujet d'une mesure évidente, partagée, anticipable. Cette mesure, c'est lui-même : l'homme est intéressé, c'est-à-dire intéressé par lui-même. Si l'homme est appréhendé comme intéressé, et que seule la passion de l'intérêt permet d'ouvrir la perspective d'une concorde sociale et d'une régulation des affects, cela signifie que l'idée même du travail a dû varier par rapport à sa compréhension chrétienne relevée dans le chapitre précédent : c'était alors du point de vue de l'effort et donc du courage qu'il pouvait éventuellement se réclamer, que le travail était valorisé. Désormais, le travail est apprécié au nom de la paix qu'il peut induire. Nous assistons ainsi à un changement radical quant aux axiomes anthropologiques qui guident le questionnement, un changement qui ouvre véritablement sur le discours de l'économie politique : comme le dit Giovanni Botero dès la toute fin du XVIᵉ siècle, « l'intérêt rend tout le monde paisible ». L'oisiveté doit être combattue et l'industrie soutenue pour la concorde qui en résulte ; le principe moteur de la politique est l'intérêt, entendu comme intérêt matériel, comme intérêt dans le travail et circulation des richesses : « sont […] dangereux pour la paix publique ceux qui n'y ont pas d'intérêt », c'est-à-dire les « pauvres », origine de tout ce qui « subvertit » une république. Le roi doit donc « soit les chasser de son État, soit les intéresser dans la paix de celui-ci » ; et « ils s'intéresseront en étant obligés de faire quelque chose […] par l'émolument duquel ils puissent subvenir à leurs besoins »[1]. L'intérêt devient ainsi ce qui se partage et qui peut (ou plutôt : doit) définir un partage stable, permanent et sans cesse reconduit dans un monde dont il s'agit justement d'assurer la stabilité contre l'instabilité du monde machiavélien (voir plus loin). Cet intérêt – que l'on retrouve par excellence dans l'idée du doux commerce chez Montesquieu – est donc la *passion régulatrice* et pacificatrice tout au long des Temps Modernes. Qu'il s'agisse de penser à la concorde au sein d'un État ou entre les États, l'intérêt est mis en avant comme offrant la possibilité de réguler sans contrainte les passions, et ce à partir du socle passionnel lui-même. L'intérêt et l'esprit de commerce qui en découle deviennent le propre des sociétés

1. G. Botero, *Della Ragion di Stato*, III, 2 et IV, 7, éd. par L. Firpo, UTET, Torino, 1948, p. 151 et p. 170-172, notre traduction.

civilisées dont les mœurs sont douces, et qui ont rompu avec l'esprit de conquête qui habitait les sociétés précédentes, dont les mœurs étaient féroces[1]. De la sorte, comme Hume le dit de la manière la plus explicite, c'est la vertu même du courage qui est considérée comme périmée :

> « Parmi toutes les nations incultes qui n'ont pas, jusqu'à présent, pleinement éprouvé les avantages qui accompagnent la bienfaisance, la justice et les vertus sociales, le courage est la qualité suprême. »

Dans une nation cultivée, « la bravoure excessive et l'inflexibilité résolue » sont des figures du passé qui doivent être muselées. Le courage ne peut être une vertu que dans une société où le jugement porte sur le motif de l'action, où dès lors « les actions sont d'abord uniquement considérées comme les signes des motifs », les signes ou les indices de certains principes,

---

1. J.-F. Melon (1675-1738), *Essai politique sur le commerce*, s. l., 1734, chap. 7, p. 97 (« L'esprit de conquête et de commerce s'excluent mutuellement dans une Nation ») et bien sûr le chapitre 1 du livre XX de *L'Esprit des lois* de Montesquieu. Notons cependant que pour Montesquieu (mais aussi pour ses contemporains comme Mandeville ou Genovesi), cet adoucissement des mœurs propre à l'esprit de commerce de son temps est un processus de corruption de la pureté des mœurs !

d'un certain tempérament, et non pas en fonction de leur utilité extrinsèque[1].

Le courage est donc *a priori* exclu d'une réflexion qui repose justement sur le pari rationnel ou le principe d'une absence de morale extrinsèque : qu'il s'agisse de se concentrer sur la peur ou sur l'intérêt, et on notera que ces « axiomes » sont toujours régulièrement exploités dans la politique contemporaine, l'homme trouve entièrement en lui-même – égoïstement – les références suffisantes pour que le politique soit pensable. Le lien de la peur et de l'intérêt, entendu comme intérêt pour soi, semble tellement évident qu'on perd sans doute la possibilité de le décoder entièrement. Mais quelle qu'en soit la teneur la plus profonde, cette équation de l'intérêt et de la peur, en ce qu'elle se situe au cœur de la pensée politique moderne, témoigne de l'exclusion de toute considération sur le courage, une exclusion bien plus radicale que celle de ces autres vertus ou affects dont le questionnement s'estompe avec la modernité : générosité, confiance, tempérance,

1. D. Hume, *Enquête sur les principes de la morale*, sect. 7, Paris, Flammarion, coll. G-F, 1991, p. 169 et 172-173, et *La Morale. Traité de la nature humaine*, Livre III, Part. II, sect. 1, Paris, Flammarion, coll. G-F, 1993, p. 77.

amour, gloire… À un moment ou à un autre, ceux-ci sont « récupérables » dans le cadre d'un questionnement proprement moderne, fût-ce dans des zones moins explicites de celui-ci. Au contraire, le courage apparaît comme définitivement irrécupérable, pas même *anti* moderne, avec la perspective critique que cela ouvrirait, mais purement *non* moderne : et ce, non pas pour sa teneur morale, qui n'est pas plus forte que celle des autres vertus ou affects signalés ci-dessus, mais étant donné qu'il représente, depuis le Moyen Âge chrétien, ce qui ne se partage pas, ce qui désigne et induit l'impossibilité d'un partage, c'est-à-dire ce qui ne peut d'aucune manière servir à fonder le politique.

C'est donc dans les marges de ces traditions majoritaires de la pensée politique moderne qu'il faudra se tourner pour analyser le devenir moderne de la question du courage. Et dans ces marges, penser le devenir moderne de la question du courage reviendra à penser à la fois son retrait en tant que partie d'une doctrine de la vertu et le sens exclusivement politique qu'il va revêtir. De manière à mettre en évidence conjointement ces deux éléments, nous nous baserons essentiellement sur quelques éléments issus de la pensée de Machiavel. Pourquoi précisément

Machiavel ? La réponse à cette question nous permettra de justifier aussi le fait de se saisir ici d'un auteur qui, aussi radicaux que soient les effets qu'il produisit sur la pensée européenne, n'en reste pas moins en marge de la tradition philosophique majoritaire. Machiavel pense en effet le politique à partir du moment non ordinaire, à partir des acteurs et des facteurs qui ouvrent sur une possibilité d'innovation ; il permet ainsi de questionner l'engagement, au sens le plus littéral du terme. La pensée de Machiavel, pour exceptionnelle qu'elle soit, est donc fondamentale dans le cadre d'un questionnement sur le courage, dans la mesure où le Florentin pense le politique depuis l'exceptionnel, depuis l'extraordinaire. Mais on peut tout aussi bien dire que Machiavel assume parfaitement (voire produit) la sortie du théologico-politique, l'abandon moderne des doctrines de la vertu. Sa pensée est en tant que telle une réponse au retrait du politique résultant des pensées stoïciennes et chrétiennes, avec l'éloge du renoncement et la critique de la gloire qu'elles comportaient (et c'est là précisément, selon Machiavel, *le* problème du christianisme). Le courage est rapporté par Machiavel à des phénomènes visibles comme la gloire et l'éclat auxquels les chrétiens avaient opposé leur vertu reine :

l'humilité. À ce titre, il tente explicitement d'en revenir à la possibilité d'une religion civile présente chez les Anciens, tout au moins chez Aristote et dans la pensée républicaine romaine (Cicéron, Tite-Live…). Dans l'*Éthique à Nicomaque*, la *megalopsuchia* était présentée par Aristote comme la dignité d'une personne et le juste sentiment de son mérite :

> « … est magnanime celui qui se juge lui-même digne de grandes choses, et qui en est réellement digne »[1].

La *megalopsuchia* n'était pas un vice, comme elle le deviendra dans la morale chrétienne, mais le haut désir de qui aspire à être grand, ou, chez le héros, la prise de conscience de sa supériorité réelle – une conscience inspiratrice de grandes actions. Le magnanime, précisait Aristote, est extrême par la grandeur de ce à quoi il peut prétendre : il est capable des plus grandes et belles choses. Le magnanime est courageux car son

> « devoir impérieux est de se montrer à découvert dans ses haines comme dans ses amitiés, la dissimulation étant la marque d'une âme craintive »[2].

Machiavel revient à cette expression éclatante du courage pour dépasser mille ans de règne de l'humilité

1. Aristote, *EN*, 1123b 2-3.
2. Aristote, *EN*, 1124b 18.

chrétienne. Toutefois, si l'importance de la politique – et même les affects qui lui sont propres comme la gloire – se trouve ainsi restaurée, elle n'est plus le vecteur d'un accomplissement moral de l'individu et s'est débarrassée de toute forme de détermination par des échelles de valeurs, nous le verrons amplement jusqu'à devoir infléchir le rapport de Machiavel à l'aristotélisme. Mais on doit ausi noter combien Machiavel reste étranger par rapport à la pensée politique moderne qu'il fait pourtant émerger, dans la mesure où la première fonction de ces passions modernes que sont la peur et l'intérêt fut peut-être aussi de pacifier et réguler la dynamique excessive et expansive à laquelle était nécessairement exposée la politique selon le Florentin[1].

2. Le courage comme saisie de l'occasion

*I*L N'EST NULLEMENT nécessaire d'insister longuement sur l'abandon explicite de la part de Machiavel de toute référence à une doctrine de la vertu pour penser le politique. Qu'il suffise de citer une fois de

---

1. Pour une analyse du rapport du politique moderne à la pensée machiavélienne, voit T. Berns, *Souveraineté, droit et gouvernementalité*, Éditions Léo Scheer, Paris, 2005.

plus le fameux passage du début du quinzième chapitre du *Principe* (repris plus tard par Spinoza), dans lequel Machiavel affirme vouloir « poursuivre la vérité effective de la chose » (*andare drieto alla verità effettuale della cosa*) sans jamais recourir « à l'imagination » de celle-ci[1]. Ce souci de la vérité effective du politique signifie que l'action politique ne se questionne plus depuis le point de vue du « comment on devrait vivre », et *a fortiori* du point de vue de la recherche de l'excellence individuelle, mais seulement dans le cadre d'une logique des effets. Au nom de cette logique des effets, s'imposent alors, nous le verrons, la possibilité du recours au mal, l'impossibilité de distinguer fondamentalement le bien du mal ou même de dessiner une voie médiane entre ceux-ci, bref l'urgence de se demander « si du mal on peut dire du bien [ou « bien parler »] » (*se del male è lecito dire bene*)[2]. Toute tentative de jugement reposant sur une répartition claire

---

1. Machiavel, *Principe*, XV, p. 280. Les textes de Machiavel sont traduits directement de l'italien de manière extrêmement littérale et renvoient à l'édition de Mario Martelli (Niccolò Machiavelli, *Tutte le opere*, Sansoni editore, Firenze, 1971). Les références sont reprises sous la forme suivante : pour les *Discorsi sopra la prima deca di Tito Livio* : *Disc*. Livre, chapitre, page. Et pour le *Principe* : *Princ.*, chapitre, page.
2. Machiavel, *Princ*. VIII, *op. cit.*, p. 270.

du bien et du mal, et même sur leur composition bien dosée ou prudente, est condamnée à s'abîmer dans la dynamique de leur mélange.

Or, malgré cette nécessaire ouverture à la possibilité du mal, et malgré l'abandon de toute doctrine de la vertu, Machiavel maintient pourtant des références incessantes à la vertu. C'est ce paradoxe qui est intéressant, et même fondamental, dans le cadre d'un questionnement sur le courage. Comme nous allons le voir, celui-ci pourra alors être interprété comme une vertu qui ne se situe plus dans une échelle de valeurs, mais comme ouverture à la possibilité du mal. Le courage est dès lors envisagé essentiellement comme un rapport aux événements, une attitude face au cours de l'histoire, bref une manière d'être dans le temps, de composer, sans différer, avec le temps. Et c'est à cette condition qu'il représente alors le cœur du politique, la vertu politique par excellence.

La vertu machiavélienne doit donc être pensée comme rapport à l'occasion, ou encore comme *kairos*. Un sens absolument nouveau, et peut-être unique, est ainsi donné à l'idée du courage. Dans le *Disc*. II, 29, Machiavel annonce que « si on considère bien comme procèdent les affaires humaines, on verra souvent apparaître des choses et survenir des événements au sujet desquels le ciel refuse radicalement qu'on puisse aviser ». À ces moments de « grandes adversités », les hommes peuvent être « poussés à la grandeur » par « le ciel, qui leur donne l'occasion [...] de pouvoir agir avec vertu »[1], et ce au point que de tels actes ne mériteraient presque pas d'être loués ! La morale qui se dégagera se détache ainsi de la possibilité de se développer en termes de blâme ou d'éloge : l'espace réservé à une véritable action, par laquelle l'agent aurait la possibilité de révéler librement sa propre image ou sa propre valeur, semble extrêmement ténu, voire se réduire à néant. Tout au plus l'agent peut-il saisir l'occasion. Les hommes, conclut Machiavel, « peuvent seconder la fortune et non s'opposer à elle ». Cependant, et c'est ici que tout commence, « ils ne doivent jamais se relâcher » (*non si abbandonare*) : ne connaissant pas les buts de la fortune qui procède par des voies de traverse et inconnues, les hommes « doivent toujours espérer, et, espérant, ne pas se relâcher, quels que soient leur [propre] fortune et leur tourment »[2]. La vertu « colle » tellement à l'offre d'une occasion, qu'elle tend presque à s'effacer. Dans ce texte extrême, saisir l'occasion ne définit même pas une attitude "proactive", mais

1. Machiavel, *Disc.* II, 29, *op. cit.*, p. 188-189.
2. *Ibid.*, p. 190.

simplement le fait d'être là, de continuer d'être là, quel que soit le chevauchement des fortunes individuelles et collectives. C'est cette vertu appréhendée comme un rapport à son temps qu'il s'agit de comprendre. Et ce, en sachant que considérer que la vertu consiste dans un rapport à l'occasion équivaut précisément à une neutralisation morale de la vertu.

Certes, cette vertu, entendue comme saisie de l'occasion, s'exprime parfois de manière bien plus active, mais elle désigne toujours un rapport au temps : à la Fortune, au temps qui change. C'est précisément ce qui ressort de ce passage extrêmement connu du chapitre XXV du *Prince* :

> « Il vaut mieux être impétueux que circonspect ; parce que la fortune est femme, et qu'il est nécessaire, si on veut la soumettre, de la battre et de la frapper. Et on voit bien que ce sont ceux qui agissent de la sorte qui la vainquent le plus facilement, et non pas ceux qui procèdent froidement ; comme femme, elle est l'amie des jeunes gens, parce qu'ils sont moins circonspects, plus féroces, et qu'ils la commandent avec plus d'audace. »

Le moins qu'on puisse dire est que Machiavel reste ainsi inscrit dans une approche sexuée du courage. Mais, comme nous le verrons, la rupture n'en est que plus forte – et c'est ce que dénote la valeur non pas seulement sexuée, mais bien plus directement sexuelle du passage cité : plus aucune trace ici d'une prudence, ou d'une sagesse, de cette *phronèsis* qui organisait la science pratique depuis Aristote.

Une telle vertu, indépendante d'une doctrine de la vertu et comprise comme rapport à l'occasion, doit très précisément être interprétée en regard d'un questionnement sur le courage, d'abord parce que le vocabulaire que Machiavel emploie renvoie globalement à un registre de capacités et d'actions situé dans le voisinage du courage : nous l'avons vu et le verrons encore, il s'agit de défendre l'audace, la rapidité et l'impétuosité contre la prudence, la lâcheté, la tiédeur, l'attente, la circonspection. Plus profondément, il s'agit de courage parce que l'objet de la réflexion machiavélienne réside avant tout dans le moment initial de l'action, dans le fait d'entamer et d'innover. Reste à voir ce que réclame une telle mise en avant de l'initiative.

On retiendra particulièrement les deux questions suivantes, constamment suggérées par Machiavel. *Premièrement*, en tant que vertu autonome de toute doctrine de la vertu, c'est-à-dire en tant que désignant ce qu'il y a de plus proprement politique, ce qui permettrait d'initier une action politique, le courage ne doit-il pas être considéré comme un excès plutôt que comme une forme de modération ? S'ouvre ici un face à face entre deux conceptions de la vertu : la conception machiavélienne et la conception aristotélicienne (telle qu'inscrite dans le cadre d'une morale dont le soubassement réside dans un principe de médiété) avec pour possible conséquence de renvoyer le politique à l'excès et la modération à une morale non politique (chapitre 3). *Deuxièmement*, et sur les mêmes bases, le courage peut-il encore de la sorte être pensé comme une vertu individuelle ? Ne doit-on pas plutôt considérer que son sens est seulement donné de manière collective ? Outre Machiavel, seront ici convoqués les principaux auteurs de ce qu'on peut appeler la tradition républicaine de la *praxis* politique, de Cicéron à Arendt, dans leur opposition à la conception platonicienne du politique (chapitre 4).

Enfin et donc dans un *troisième temps*, nous reprendrons la question des rapports du courage à la vérité pour montrer ce qu'elle devient chez les Modernes. À l'aide non seulement de Machiavel mais aussi de la pensée des Lumières, plus particulièrement telle qu'analysée par Kant, et puis réinterprétée par

Foucault, nous verrons dans quelle mesure la vertu du courage donne son sens à un questionnement du philosophe sur sa propre actualité, permettant ainsi de désigner précisément le point de rencontre du savoir et du politique (chapitre 5).

3. LE COURAGE COMME EXCÈS

*D*ANS UN CHAPITRE tout particulièrement scandaleux de son œuvre, Machiavel rapporte les actes de Philippe de Macédoine et propose de « prendre comme point de mire » ses « moyens très cruels[1], et contraires à la vie non seulement chrétienne mais humaine »[2]. En effet, l'inhumanité de ces moyens est telle, que

> « tout homme doit les fuir et préférer vivre comme un homme privé plutôt que comme un roi avec la ruine de tant d'hommes ; néanmoins, celui qui ne veut pas suivre cette première voie du bien, s'il veut se maintenir, il convient qu'il entre dans ce mal. Mais les hommes suivent

1. À savoir, déplacer les populations, détruire les villes, en construire de nouvelles, inverser les hiérarchies, etc. de manière à asseoir sa nouvelle autorité sur un pays...
2. Machiavel, *Disc.* I, 26, *op. cit.*, p. 109.

certaines voies du milieu, qui sont très néfastes ; car ils ne savent être ni entièrement mauvais, ni entièrement bons »[1].

Et c'est ce qu'entend montrer Machiavel par un exemple dans le chapitre suivant, dont le titre répète précisément cette dernière phrase. Dans une situation qui lui permettait de s'emparer du pape Jules II venu le destituer, Giovampagolo Baglioni, le tyran de Pérouse, n'osa pas le faire alors qu'il en avait très nettement la possibilité. Or ce ne pouvait être par « bonté ou par conscience », car comme le note très classiquement Machiavel, l'homme était pour le reste coupable de toutes les violences et de tous les vices. Ce n'était donc que par « lâcheté » : les hommes ne parviennent pas à être « honorablement méchants », pas plus qu'ils ne sont « parfaitement bons »[2].

Le procès est sévère et strictement moral : la possibilité d'une retenue morale est écartée au nom d'un manque de courage. Certes, les catégories du bien et du mal sont maintenues, Machiavel insistant même sur le fait que les hommes doivent fuir de tels procédés, c'est-à-dire ne pas avoir à les commettre en restant de simples hommes privés. Mais hors de ce

1. Machiavel, *Disc.* I, 26, *op. cit.*, p. 109.
2. Machiavel, *Disc.* I, 27, *op. cit.*, p. 109-110.

monde privé – seule cette sortie, *avec* la tension tragique qu'elle implique donc, intéresse Machiavel –, et en toute autonomie par rapport aux catégories ainsi maintenues du bien et du mal, une forme de courage, de générosité et d'audace résidera dans le rapport que l'homme public accepte de nouer avec le mal. C'est précisément ce courage dont manque Baglioni, comme presque tous les hommes : « quand une mauvaise action a en elle une grandeur, ou recèle quelque part de générosité, [les hommes] ne savent s'y résoudre ». Ainsi, Baglioni « n'eut pas l'audace, alors qu'il en avait précisément l'occasion, de mener une entreprise pour laquelle chacun aurait admiré son courage », et dont « la grandeur aurait dépassé toute l'infamie et les dangers qui pouvaient en résulter »[1]. Ce point est aussi développé dans le chapitre 8 du *Prince* : après avoir affirmé qu'on doit pouvoir bien parler (ou dire du bien) du mal, Machiavel donne des exemples de bons et de mauvais usages de la cruauté – les mauvais usages étant ceux qui, suite à une mauvaise estimation ou par « timidité », se veulent modérés et dès lors ne peuvent que perdurer.

1. Machiavel, *Disc.* I, 27, *op. cit.*, p. 110.

Machiavel déploie sa réflexion sur la vertu et le courage à l'exact opposé de celle d'Aristote, du moins d'un Aristote simplifié qui s'est imposé dans la doxa humaniste. Tout d'abord, la grandeur et la magnanimité ne sont plus exclusivement du côté du bien, il y a un éclat et une grandeur du mal. Ensuite et surtout, selon le topos aristotélicien, la vertu était pensée comme un milieu entre le manque et l'excès[1], et le courage un milieu entre la témérité et la lâcheté. La magnanimité était d'ailleurs intégrée à cette théorie de la vertu comme *aurea mediocritas* car le magnanime est moyen par la juste mesure de sa considération envers lui-même : il se juge digne des grandes actions dont il est effectivement digne. Au contraire chez Machiavel, le milieu devient le signe d'un manque et la vertu celui d'un excès[2]. Une constante composition modérée du bien et du mal, telle celle des sages qui « procèdent froidement », est non seulement considérée par Machiavel comme néfaste, mais aussi comme absence, comme non réelle, comme ne représentant tout simplement pas une attitude face au réel. Et enfin, dans la tradition

1. Aristote, *EN*, II, 9.
2. Sur l'idée machiavélienne d'une « *eccesiva virtù* », voir T. Ménissier, *Machiavel, la politique et l'histoire*, Paris, PUF, 2001, p. 191.

aristotélicienne, la vertu se pensant comme sagesse est le propre de l'âge mûr, à mi-chemin entre les excès de la jeunesse et les faiblesses de la vieillesse ; au contraire, la vertu machiavélienne est le propre de la hardiesse des jeunes gens et est comme telle un excès. La tiédeur de la voie moyenne est aussi ce qui permet chez les chrétiens de penser la résignation comme manière de faire face aux affects et à la mauvaise fortune :

> « Ce qui importe le plus, c'est la manière dont on use de ce qu'on appelle la bonne ou la mauvaise fortune. Car l'homme vertueux n'est ni exalté par les biens, ni abattu par les maux temporels[1]. »

La critique du juste milieu et de la modération est constante dans la pensée de Machiavel. Le *Disc.* II, 23 est explicitement consacré à la question de la voie moyenne, comme l'indique son titre :

> « Que les Romains, lorsqu'ils devaient juger leurs sujets pour quelque événement justifiant tel jugement, fuyaient la voie du milieu. »

Machiavel y rapporte la préférence de Camille pour « les extrêmes »[2], le refus romain de la « voie neutre »[3]

1. Augustin, *La Cité de Dieu.* Ci-après *CD*, I, VIII, 2.
2. Machiavel, *Disc.* II, 23, *op. cit.*, p. 179.
3. *Ibid.*, p. 180.

et le caractère « néfaste » de toute politique de la médiété[1]. Il répète ce même raisonnement, avec le même exemple de l'épisode des Fourches Caudines dans le *Disc.* III, 40 : la voie moyenne est définitivement celle qui, pour reprendre les mots de Tite-Live cités par Machiavel, « ne procure pas d'amis et ne débarrasse pas des ennemis ». Déjà dans un petit texte intitulé *De la manière de traiter les populations du Val di Chiana révoltées*, rédigé une dizaine d'années avant ses textes politiques majeurs, Machiavel critiquait l'attitude moyenne des Florentins devant réagir à des révoltes locales, en se référant aux Romains qui jugeaient « néfaste toute […] voie du milieu » dans ces mêmes circonstances[2]. De la même manière que dans le *Disc.* II, 23, Machiavel insiste auparavant sur la nécessité de rejeter, comme les Romains, la possibilité d'un traitement uniforme de cas en apparence semblables ; son refus de la voie du milieu signifie aussi le refus d'une solution raisonnable valable dans toutes les situations d'un même type, alors qu'il s'agit pour lui d'abord de discerner la particularité de chaque situation, par exemple de chaque population révoltée.

1. Machiavel, *Disc.* II, 23, *op. cit.*, p. 181.
2. *Del modo di trattare i popoli della Valdichiana ribellati*, in Niccolò Machiavelli, *Tutte le opere*, *op. cit.*, p. 13.

Vertu et courage, avec les extrémités qu'ils permettent, se justifient précisément parce que le milieu définit une absence de position, c'est-à-dire un rapport théorique et uniforme au réel. Le procès de la position médiane est donc celui d'une absence de position et de prise sur le réel. Machiavel développe aussi ce procès comme la critique des certitudes de la neutralité :

> « On estime aussi un prince quand il est vrai ami et vrai ennemi ; c'est-à-dire quand sans la moindre déférence, il se découvre en faveur de l'un ou contre un autre. Un tel parti est toujours plus utile que de rester neutre[1]. »

Se « découvrir », prendre position, est inévitable. Plus globalement, Machiavel poursuit ce procès de la voie du milieu par la critique de toute tentative de définir un état d'équilibre, lequel serait par définition intenable. Des choix extrêmes doivent être posés parce que l'on ne peut « établir d'équilibre[2], ni maintenir exactement cette voie moyenne »[3]. Ce que réprouve une fois de plus Machiavel, c'est la recherche du

1. Machiavel, *Princ.* XXI, *op. cit.,* p. 291.
2. Dans ce cas : organiser de manière durable une république sans conflit intérieur et sans la tourner vers l'expansion ; voir plus loin.
3. Machiavel, *Disc.* I, 6, *op. cit.*, p. 86.

moindre mal en ce que celui-ci devrait être entendu comme la composition entre bien et mal, c'est-à-dire le refus d'accepter les inconvénients. Dans ce sixième chapitre du premier livre des *Discours*, Machiavel veut en particulier repousser les arguments de ceux qui veulent la puissance sans la liberté, et donc sans l'instabilité qui accompagne cette dernière.

L'argument mérite qu'on s'y arrête plus longuement. Certains, nous dit Machiavel et nous verrons plus tard de qui il peut s'agir principalement, ne parviennent à expliquer la puissance romaine au vu des conflits qui minèrent incessamment cette cité ; ils considèrent même que Rome n'est pas une cité puisqu'elle est toujours divisée, c'est-à-dire qu'elle n'est jamais identique à elle-même. Pour ceux-là, la puissance romaine ne peut donc s'expliquer que par l'aide de la providence divine – Machiavel fait ainsi une équation entre les approches providentialistes de l'histoire et le fait de penser la cité à partir de son unité. D'autres encore se demandent si l'on peut espérer avoir une cité puissante et expansive comme Rome, mais sans conflit et division intérieure, et donc avec des institutions plus aristocratiques. Aux uns et aux autres, Machiavel répond qu'on doit considérer que la puissance de Rome est directement liée à ses institutions populaires, au fait que la cité, ses institutions et son armée étaient ouvertes au peuple et même aux étrangers, c'est-à-dire à la liberté. Cette liberté est fondamentalement liée aux conflits qui divisaient cette cité, à son instabilité, au fait que cette cité s'est construite par les conflits.

Dans le cadre d'un tel raisonnement, l'équilibre et la voie moyenne consisteraient donc à vouloir, de manière toute théorique, la puissance sans le conflit, l'avantage sans l'inconvénient. C'est ce que Machiavel refuse : à l'opposé de toute voie moyenne, Machiavel propose deux équations incommensurables : l'une définit la cité aristocratique (dont l'exemple est Sparte), petite, fermée *et* paisible (et, comme nous le verrons au chapitre suivant, dont l'ordre constitutionnel est le fruit de la raison d'un législateur éclairé) ; l'autre définit la cité ouverte (Rome), avec une population nombreuse et des institutions populaires, une cité qui est habitée par le conflit et est nécessairement expansive (et, comme nous le verrons aussi au chapitre suivant, dont la constitution est le fruit d'un mouvement collectif et inscrit dans l'histoire). Nulle composition n'est possible entre ces deux cités (entre lesquelles il convient donc de choisir, et on peut considérer que c'est là le choix que Machiavel entend proposer aux Florentins) ; c'est-à-dire que Machiavel considère comme vain de tenter de combiner les avantages de la première (la stabilité et l'unité) avec ceux de la seconde (la puissance) ; ou encore qu'il considère comme vain de vouloir les avantages de la seconde sans ses inconvénients (son instabilité).

Ceci donne un relief tout particulier à cette lâcheté dont Machiavel accusait Baglioni : vouloir échapper aux inconvénients, chercher une demimesure entre le bien et le mal, signifie plus globalement ne pas être à la hauteur de ces corrélations, de ces équations que dresse Machiavel. La vertu politique consiste précisément à accepter les corrélations entre bien et mal, le fait que l'ordre résulte d'une violence initiale, ou que la puissance s'inscrit dans les désordres des conflits.

a. Machiavel et l'aristotélisme : courage ou modération

On l'a dit : Machiavel s'attaque frontalement à la tradition grecque de la vertu du juste milieu[1] et à une

1. Quant à la tradition grecque de la vertu du juste milieu et pour nous en tenir au domaine de l'éthique, voir bien sûr l'idée de vertu comme « juste milieu » ou « moyenne » ou « médiété », chez Aristote, *EN*, II, 6 et II, 8, ou même chez Platon, *Rép.*, X, 619a, parmi bien d'autres exemples du même ordre. Un exemple d'application du « juste milieu » au politique se trouve dans Aristote,

certaine lecture d'Aristote, selon laquelle la médiété se comprend comme moyenne, comme modération, voire comme renoncement et comme irrésolution, mais aussi, on l'a vu, comme solution prédéfinie ou théorique à un problème. Sur la base de ce dernier élément, il convient de nuancer fortement l'opposition à Aristote (aussi indicative que soit cette opposition), en considérant que Machiavel fait ainsi face à ce qui n'est évidemment qu'une interprétation réductrice de la pensée aristotélicienne. Selon Aristote en effet, la moyenne se présente comme un jugement particulier, qui n'est « ni unique, ni partout identique » et qui est « établi non relativement à l'objet, mais par rapport à nous »[1].

Pour rendre justice à la théorie aristotélicienne de la vertu et du courage comme médiété, nous devons donc

Politique, V, 9, 6. Toujours d'un point de vue plus strictement politique, cette tradition donna lieu aussi à l'idée de classe moyenne et de constitution moyenne comme meilleure expression de ce juste milieu (cf. surtout Aristote *Politique*, IV, 11, de 1295a à 1296b ou, plus brièvement Platon, *Lois*, V, 744d, ou même Euripide, *Les Suppliantes* 245 ou *Électre* 386).

1. Aristote, *EN*, II, 6. Pour une lecture plus approfondie des nuances apportées par Machiavel à la réalité de la pensée aristotélicienne du juste milieu, voir L. Strauss, *Pensées sur Machiavel*, Paris, Payot, 1982, p. 259 *sq.* et G. Sfez, *Machiavel, la politique du moindre mal*, Paris, PUF, 1999, chapitre II.

d'abord noter qu'elle doit être comprise comme une contestation de l'intellectualisme socratico-platonicien :

> « La vertu est une disposition acquise de la volonté (*boulèsis*) consistant en un juste milieu relatif à nous, lequel est déterminé par la droite règle et tel que le déterminerait l'homme prudent[1]. »

Dire que la vertu est une disposition acquise de la volonté, autrement dit une habitude, c'est nier qu'elle soit une science, le fruit d'une froide analyse : il ne suffit pas, en effet, de connaître le bien pour le faire, car la passion peut s'immiscer entre le savoir du bien et sa réalisation. Aristote analyse en ces termes le personnage de l'incontinent, tel le buveur invétéré, en qui la conscience de ce qui est à faire est impuissante à remonter la pente que s'est frayée peu à peu une passion trop souvent assouvie. Fonder la vertu sur la *phronèsis* revenait pour lui à faire place à ce cheminement du comportement qui doit s'ajuster aux émotions et aux passions, se faire plus mesuré grâce au façonnement des habitudes et à la tempérance acquise qui rend le jugement plus modéré. En effet, alors que le jugement scientifique reste vrai quelles que soient les passions qui animent le savant parce qu'il

1. Aristote, *EN*, 1106 b 36.

ne dépend que de la partie rationnelle de l'âme, le jugement pratique qui fonde le comportement mesuré est corrompu par les excès de la peine et du plaisir parce qu'il dépend également de la partie appétitive de l'âme,

> « car les principes de nos actions, c'est la fin à laquelle nos actions sont ordonnées. Or, à l'instant même où un homme est corrompu par le plaisir ou la peine, à cet instant il cesse de voir le principe, c'est-à-dire qu'il cesse de voir que c'est pour cette fin ou à cause de cette fin qu'on doit prendre toutes ses décisions et faire toutes ses actions »[1].

C'est l'intempérance qui annihile la capacité de garder le but en ligne de mire pour s'abîmer dans une quasi-absence de fins : dans les souffrances et les plaisirs immédiats. Alors que l'intellectualisme socratico-platonicien ramène toutes les formes de connaissance à une seule, celle du Bien, Aristote établit une distinction entre la connaissance spéculative ou théorique portant sur le nécessaire et pouvant ainsi être d'une parfaite précision, et la connaissance pratique portant sur le contingent et étant ainsi par nature « grossière et approximative »[2]. Cette seconde connaissance

1. Aristote, *EN*, I, 1140b 15-20.
2. *Ibid.*, I, 1094b 20.

repose sur l'expérience, particulièrement d'ailleurs la politique qui est un savoir pratique reposant sur l'expérience de la vie en général et non de tel domaine technique de sorte qu'en effet,

> « le jeune homme n'est pas un auditeur bien propre à des leçons de politique, car il n'a aucune expérience des choses de la vie, qui sont pourtant le point de départ et l'objet des raisonnements de cette science »[1].

Ensuite, Aristote ne pense pas que le bien ultime n'est qu'intérieur et moral, il est aussi fondamentalement dépendant des circonstances et de la fortune. Un homme pauvre, seul et malade ne peut pas être parfaitement heureux[2]. Il ne faut donc pas se rendre indifférent aux circonstances, comme le professait Socrate et comme le diront les stoïciens, il faut s'en accommoder de manière à être le plus heureux possible. Le bonheur demande donc un certain courage pensé comme courage de tirer « parti des circonstances pour agir toujours avec le plus de noblesse possible… »[3]. Cette idée d'un courage et d'une vertu de circonstance est une idée forte d'Aristote, qui ne propose d'ailleurs symptomatiquement pas dans l'*Éthique à Nicomaque*,

1. Aristote, *EN* I, 1, 1095a 2-3.
2. *Ibid.*, 7, 1098a 18.
3. *Ibid.*, 11, 1101a 1-5.

comme l'avait fait Platon dans la *République,* une classification des vertus fondée sur la distinction des parties de l'âme. Chaque vertu est définie à partir d'un certain type de *situation* : le danger pour le courage, la richesse pour la générosité, le plaisir pour la tempérance, etc. On peut se reporter au propos qui introduit l'analyse du courage :

> « Nous ne devons pas seulement nous en tenir à des généralités, mais encore en faire l'application aux vertus particulières. En effet, parmi les exposés traitant de nos actions, ceux qui sont d'ordre général sont plus vides, et ceux qui s'attachent aux particularités plus vrais, car les actions ont rapport aux faits individuels, et nos théories doivent être en accord avec eux[1]. »

Il n'y a donc de vertu qu'en situation. Comme le dit Aristote, on n'est pas courageux dans les situations rassurantes[2]. Et dans la mesure où il n'est pas possible de systématiser les situations, l'éthique d'Aristote se présente comme descriptive plutôt que systématique : il s'agit de décrire des types d'hommes vertueux, le cas particulier précédant en quelque sorte le concept d'une vertu qui se laisse malaisément ramener à une essence. L'éthique descriptive d'Aristote

1. Aristote, *EN*, II, 7, 1107a 28-31.
2. *Ibid.*, III, 12, 1117a 32.

consiste en une galerie de portraits, comme plus tard les *Caractères* de son disciple Théophraste, qui inspireront La Bruyère.

Il faut donc fortement nuancer la critique d'Aristote par Machiavel : si en effet la vertu restait entendue comme le propre de l'homme prudent, mature, tempéré et modéré dont l'action est déterminée par un juste milieu, ce milieu est fondamentalement relatif aux situations ; cette vertu n'a de sens que par rapport aux circonstances, et échappe donc à cette partie du procès fait par Machiavel selon laquelle le milieu définit une réponse dont la rationalité doit être considérée comme une incapacité à s'inscrire dans les événements. Si cet aspect de l'éthique aristotélicienne échappe donc à la critique de Machiavel, la conception que celui-ci développe de la vertu comme excès n'en reste pas moins singulière ; surtout, elle permet de repousser toutes les mésinterprétations auxquelles la pensée d'Aristote s'expose, dès lors que la voie du milieu serait entendue comme un passe-partout théorique pouvant *in fine* justifier une absence de choix – et nous verrons ci-dessous qu'effectivement la politique florentine de son temps se prêtait à un tel mésusage d'Aristote. Mais nous pourrions extrapoler pour considérer que c'est là une pente réelle de toute théorie de l'action, et qu'à ce titre la vertu de l'excès mise en avant par Machiavel offre une véritable possibilité de continuer d'insister sur l'importance du moment initial en ce qu'il en appellerait à un type d'engagement moral (et même, comme nous le verrons plus loin, à un type de connaissance) rétif à toute théorisation.

Mais pour continuer de rendre justice à Aristote, c'est peut-être aussi chez celui-ci qu'il convient de chercher certains éléments permettant de nourrir l'idée machiavélienne d'un courage qui ne pourrait se comprendre que comme un rapport à l'occasion, au *kairos*. La notion de *kairos* est communément employée par les Grecs en deux sens bien distincts : l'un pourrait fonder la politique machiavélienne de l'occasion alors que l'autre est une nouvelle fois fondamentalement contredite par celle-ci. Le *kairos* définit d'une part l'occasion qui n'attend pas, l'heure critique où tous les renversements sont possibles – *kairos* est en ce sens associé à *krisis* – et fait signe vers une vertu humaine centrale dans l'action : la capacité de se saisir promptement du moment adéquat pour agir. L'exemple de l'archer est fréquemment évoqué pour marquer cette capacité d'ajustement au mouvement, au temps, à l'événement qui se présente puisqu'il n'y a qu'un juste moment pour tirer cette flèche (cf. dans le corpus hippocratique, *Des notions communes*, 26, 1071c). Le second sens de *kairos* est celui de juste mesure, qui le lie à l'idée de convenance, d'équilibre et de *metron*, et s'oppose de ce fait à l'idée machiavélienne de l'excès[1].

Or, précisément, ce double sens de *kairos* fonde chez Aristote le savoir phronétique ou pratique comme savoir du contingent. Tous les arts techniques, comme la médecine, la navigation, l'éthique et la politique, sont présentés par Aristote comme des arts du *kairos* :

> « Ce qui concerne les actions (*praxeis*) et ce qui les favorise n'a rien de fixe [...]. Il faut que dans tous les cas, les agents observent l'occasion (*kairon skopein*)[2]. »

Cette occasion est l'objet d'un savoir de l'ordre du coup d'œil (*skopos*). C'est que

> « le *phronimos* "identifie" la situation où il est question d'agir. Il s'agit de reconnaître à qui et à quoi l'on a affaire et de voir immédiatement, en tout cas en temps voulu pour l'acte, comment y répondre »[3].

1. Cf. J. R. Wilson, « Kairos as die Measure », in *Glotta*, 58 (1980), p. 177-204 et M. Trédé, *Kairos. L'à-propos et l'occasion,* Paris, Klincksieck, 1992.
2. Aristote, *EN*, II, 9.
3. D. Lories, *Le Sens commun et le jugement du phronimos. Aristote et les stoïciens*, Louvain, Peeters, 1998, p. 144.

Reste que ce savoir de l'occasion est intégré dans une morale téléologique au sens où « toute chose se définit toujours par sa fin »[1]. Ainsi, agir au moment qui convient, c'est agir en visant la fin noble, droite et juste. Si le courage requiert d'agir au moment décisif et de saisir l'occasion, l'acte n'est cependant proprement courageux que s'il fait face au danger *en vue* d'un noble but (la mort noble au combat). La définition même du courage est donc bornée et limitée par la visée d'un juste milieu. Et le *kairos* est dès lors fondamentalement, chez Aristote, un principe éthique attaché au bien et opposé autant au mal qu'à l'excès :

> « On entrevoit les règles d'une morale du *kairos* qui, en toutes circonstances, évite aussi bien l'excès que le défaut, et vise non seulement à une juste moyenne entre le tout et le rien mais à un équilibre, une *summetria*[2]. »

C'est précisément cet équilibre que Machiavel remet constamment en question.

---

1. Aristote, *EN*, III, 10, 1115b 22.
2. M. Trédé, *Kairos*, *op. cit.*, p. 67.

b. Machiavel et l'augustinisme : courage ou providence

S'il faut donc nuancer l'opposition de Machiavel à Aristote, on doit par contre revenir sur son opposition bien plus frontale à Augustin, et particulièrement à *La Cité de Dieu*, écrit polémique qui répondait à l'opposition romaine née de la prise de Rome en 410 par Alaric. L'opinion publique répétait en effet :

« C'est sous des princes chrétiens, pratiquant de leur mieux la religion chrétienne que de si grands malheurs sont arrivés à Rome[1]. »

Et les païens insistaient :

« Tant que nous avons pu offrir des sacrifices à nos dieux, Rome se tenait debout, Rome était florissante. Aujourd'hui que ce sont vos sacrifices à vous qui ont pris le dessus et que, partout, ils sont offerts à votre Dieu, alors qu'il ne nous est plus permis de sacrifier à nos dieux, voilà ce qui arrive à Rome[2]. »

Répondre à ces objections et s'attaquer franchement au contentieux qui oppose la religion romaine traditionnelle et la nouvelle religion chrétienne : tels étaient les objectifs de *La Cité de Dieu.* Dans le vocabulaire

1. Augustin, *Lettre 136*, Marcellin à Augustin, PL 33, col. 515.
2. Augustin, *Sermon 296*.

d'Augustin, les deux cités signifient d'abord deux rapports à soi-même (orgueil ou humilité), aux autres (compétition ou charité) et au pouvoir (désir de dominer ou d'obéir), avant de représenter la république romaine et l'Église chrétienne. L'enjeu de cette métaphore des deux cités était de ramener les hauts faits de l'histoire dont les Romains se glorifiaient à un orgueil démesuré et à un insatiable besoin de gloire et de voir ainsi dans ces valeurs païennes l'expression du mal et l'annonciation de la banqueroute symbolisée par la prise de Rome. Contre cet orgueil, cause de la perte de Rome, Augustin établissait dès la première page de *La Cité de Dieu* que « Dieu résiste aux superbes et donne sa grâce aux humbles »[1]. Dans ses *Discours*, Machiavel prend le contre-pied intégral de ce principe en valorisant (comme le fera Nietzsche plus tard) la force, l'orgueil, la fierté, le pouvoir temporel et la gloire qui, contrairement à ce qu'établit Augustin, méritent d'être recherchés pour eux-mêmes. Machiavel rattache la décadence au fait que la religion chrétienne « a rendu le monde faible » ; il dénonce les malheurs apportés par l'humilité et le fait que pour la chrétienté la « force » consiste à « être capable de souffrir [ou subir] », bref

1. Augustin, *CD*, III, 34, *op. cit.*

que l'on apprenne « à supporter les meurtrissures plutôt qu'à les vaincre », cette orgueilleuse paresse à l'égard de la politique qui conduit les gens à se réfugier dans les églises et à déserter l'agora. Machiavel adopte ainsi une démarche inverse de celle d'Augustin. Il tente de reconstruire ce que celui-ci a détruit : Augustin dans *La Cité de Dieu* prétendait que la prospérité des Romains avait été établie en dépit de leur religion, Machiavel désigne au contraire la religion romaine comme une cause de leur prospérité parce qu'elle en faisait des hommes du monde réel, des hommes d'action :

> « Notre religion […] nous fait accorder moins d'estime à l'honneur mondain. Là où les païens l'estimaient fort et, ayant placé en lui le bien suprême, étaient plus acharnés dans leurs actions[1]. »

Surtout, quand Machiavel, comme nous l'avons vu, refuse la lecture de « certains » qui ne parviennent pas à considérer positivement l'histoire romaine dans son caractère indéterminé et divisé, Machiavel vise directement la tradition augustinienne qui domine les lectures de l'histoire romaine. Les conflits qui agitent la république romaine renvoient au fratricide roméléen[2] (ce parallèle se trouve aussi chez

1. Machiavel, *Disc.* II, 2, *op. cit.*, p. 149-150.
2. Augustin, *CD*, III, VI, 102, *op. cit.*

Orose, Tertullien, Lactance, etc.) et au meurtre d'Abel par Caïn[1]. Cette division de la cité « contre elle-même » est le propre de la cité terrestre. La puissance de la cité païenne ne peut dès lors se comprendre qu'à partir d'une histoire providentielle : Dieu seul donne sens à la puissance d'une cité « destinée à prendre la tête » du monde terrestre. Chaque élément de ce raisonnement est pris à contre-pied par Machiavel : tout ce qui chez Augustin est signe de faiblesse (Rome comme cité guerrière, peuplée de brigands et de femmes volées au peuple voisin, née d'un fratricide et minée par le conflit…) *et donc* réclame la main divine pour malgré tout acquérir de la grandeur, devient comme tel signe de puissance chez Machiavel (qui ose louer explicitement tout ce qu'Augustin dénie, même l'acte fratricide) au point que la fortune de Rome acquiert un sens purement immanent. Les conflits qui devaient être compensés par la Providence chez Augustin sont pour Machiavel nécessaires parce qu'ils sont irrémédiablement liés à la liberté et à la puissance ; les crimes sont nécessaires parce qu'ils sont le propre de l'action politique innovante qui s'assume dans son caractère extraordinaire. Dès lors, à suivre

1. Augustin, *CD*, XV, v, 64-65.

Machiavel, le Dieu d'Augustin devient la manière ultime et la plus accomplie de ne pas assumer la nécessité du mal, le fait qu'il n'est de bien sans inconvénient, c'est-à-dire cela même dont l'acceptation, pour le Florentin, est synonyme de vertu et de courage[1].

c. Machiavel contre les sages de son temps

Nous pouvons désormais mieux comprendre le rapport au temps défini par la vertu, et sur cette base, la spécificité de la lecture machiavélienne du courage. En effet, si ce procès de la vertu entendue comme moyenne raisonnable est constant chez Machiavel, c'est aussi dans la mesure où la médiété définit un certain rapport au temps, à savoir la temporisation, alors que l'action politique vertueuse, et en particulier celle du prince nouveau, doit se penser à partir d'une indisponibilité du temps.

> « Jamais ne leur plut [aux Romains] cette règle qui est
> dans la bouche de tous les sages de notre époque, c'est-
> à-dire jouir du bénéfice du temps, mais seulement celle

1. Pour de plus amples développements sur l'anti-augustinisme de Machiavel, voir T. Berns, *Violence de la loi à la Renaissance. L'originaire du politique chez Machiavel et Montaigne*, Kimé, 2000.

de leur propre prudence et *virtù* ; car le temps chasse tout devant lui, et peut conduire au bien comme au mal, au mal comme au bien[1]. »

Machiavel, en se référant aux « sages de notre époque » vise une réalité bien précise. Comme l'a analysé Félix Gilbert, les actes des *Pratiche*, documents de consultation des citoyens influents dans des situations de crise ou d'impasse politique au tournant du XVe et du XVIe siècles, montrent la tendance explicitement revendiquée de la politique florentine à compenser sa faiblesse intrinsèque par l'usage de la « raison » ou de « l'intelligence » et la minorisation de la « volonté ». Les mots d'ordre allaient à l'idée du bien comme moindre mal, au refus du changement et de la prise de risque. Les stratégies jugées les plus raisonnables consistaient à repousser les décisions, à ne pas prendre parti, à gagner du temps, bref à « jouir du bénéfice du temps »[2].

C'est aussi parce qu'ils sont d'abord « sages », parce qu'ils croient pouvoir être raisonnables c'est-à-dire réfléchis et lents, mais aussi mesurés dans leur usage

1. Machiavel, *Princ.* III, *op. cit.*, p. 260.
2. Voir entre autres : F. Gilbert, *Machiavel et Guichardin : politique et histoire à Florence au XVIe siècle*, Paris, Seuil, 1996, p. 36, 37 et 40.

du mal, que « les sages de notre temps » ne peuvent que donner des conseils néfastes. Prenant à contre-pied toute la tradition, Machiavel appelle « prudence » cette vertu qui s'oppose à la sagesse et qui refuse toute temporisation. S'il peut ainsi réunir prudence et audace, c'est dans la mesure où il s'agit de la sorte de ne dépendre que de soi – les Romains ne dépendaient que de leur « propre prudence » –, là où la sagesse nous fait par définition dépendre au minimum de la marche du temps, de la fortune. À cette manière de faire face à l'histoire (ou à sa propre faiblesse) à l'aide d'une prudence définie par le jugement et la raison, Machiavel doit substituer la prudence de l'audace parce que le temps n'est pas, comme tel, source de bienfaits mais de ruine, de corruption :

> « L'homme circonspect, quand le temps est à l'impé-tuosité, ne sait pas le faire : d'où il va à la ruine ; car si l'on changeait de nature avec les temps et avec les cho-ses, on ne changerait pas de fortune[1]. »

Machiavel dessine ainsi, en particulier dans ce cha-pitre XXV du *Prince* sur lequel nous reviendrons, une morale de l'*impétuosité*, de la *férocité*, de l'*audace*, qui permet de faire se « rencontrer son mode de procéder

1. Machiavel, *Princ.* XXV, *op. cit.*, p. 296.

avec la qualité des temps », alors que la *prudence* (au sens traditionnel), la *circonspection* et la *déférence* mènent au contraire à une « discordance des temps »[1]. Cette méfiance vis-à-vis de toute manière de différer l'action le mène à affirmer, dans le *Disc.* I, 37, que c'est justement parce que les parties en conflit « temporisent » que les dissensions, qui pourraient être porteuses de liberté et donc de puissance, se corrompent en guerre civile jusqu'à donner lieu à la transformation de la république en empire.

4. Rome, le républicanisme et le caractère collectif du courage

Nous avons vu que la vertu, comme rapport au temps, n'ouvre plus sur la possibilité de l'accomplissement d'une valeur individuelle. De même, une telle vertu se définit aussi comme le refus d'une maîtrise rationnelle de l'histoire, avec les compositions et les équilibres qui résulteraient de cette tentative de maîtrise. En conséquence, et comme nous allons le voir, désormais le courage et la vertu machiavéliens

1. Machiavel, *Princ.* XXV, *op. cit.*, p. 295-296.

ne trouvent leur sens qu'au niveau collectif. De ce point de vue, Machiavel, tout en poursuivant sa critique par rapport à la conception grecque du courage et de l'action politique, s'inscrit dans le cadre d'une longue pensée républicaine allant de Cicéron à Hannah Arendt. Comme nous le verrons, la vertu ou le courage ainsi pensés sont condamnés à se diluer dans le collectif, jusqu'à porter idéalement sur des actes sans auteurs, des actes anonymes.

La position raisonnable qui tente de composer, de définir une voie du milieu sans assumer la nécessité du mal, apparaîtra de la sorte comme celle qui résulte d'un type de maîtrise de l'histoire qui croit pouvoir renvoyer l'action politique à la certitude d'une connaissance, ou, pour le dire de manière contemporaine, déterminer la décision par l'appui d'une expertise.

Nous poursuivons dans cette direction notre réflexion sur la base du refus machiavélien de la primauté de la raison, tel qu'il se discerne dans les comparaisons proposées par Machiavel, dans les premiers chapitres des *Discorsi* entre la fondation et le développement de Rome d'une part, et de Sparte (ou Venise, dans l'actualité de Machiavel) d'autre part : Rome est non seulement la cité populaire et ouverte, comme on l'a vu, mais aussi celle dont la loi ne fut pas déterminée dès l'origine, mais « par le cours des événements », et plus précisément à travers ses divisions internes ; Sparte (ou Venise) est non seulement la cité aristocratique dont les murs sont fermés aux étrangers et les institutions au peuple, qui ne connaît ni les divisions, ni les changements, ni l'expansion, mais aussi celle dont la législation est déterminée « d'un trait » par la « prudence » ou la raison d'un seul homme. Deux modèles de cité se dessinent ainsi, qui donnent lieu à deux représentations de la vertu : l'une collective et politique, dont Machiavel fait son modèle, l'autre individuelle et philosophique.

Pour mieux comprendre les deux formes de vertu qui découlent de ces deux cités, nous devons réinscrire Machiavel dans le cadre d'une pensée que l'on peut appeler « républicaine »[1]. Machiavel prend ainsi

1. On peut voir dans la conception théocratique du pouvoir à l'œuvre dans *La Cité de Dieu* d'Augustin une manifestation typique d'anti-républicanisme : « Je prétends montrer [...] qu'elle [Rome] ne fut jamais une vraie république parce qu'elle n'eut jamais une vraie justice. Une définition plus probable lui accordera d'avoir été une apparence de république [...]. Il n'est de véritable justice que dans cette république dont le Christ est le fondateur et le souverain, si toutefois nous la nommons république, ne pouvant nier qu'elle ne soit en réalité la chose du

place à la suite non seulement de Polybe, mais aussi de Cicéron et de Caton. Pour ces trois figures majeures de la pensée républicaine romaine, il s'agissait de dresser une opposition entre les États qui se construisent en une fois, de l'extérieur et de manière définitive, par la raison (le *logos*, selon le texte polybien) d'un seul « philosophe-législateur », et les États qui se construisent au gré de l'histoire, en l'absence assumée d'une détermination unique et définitive (ou philosophique) et donc de manière collective, anonyme et non-assignable, bref par le cours des événements, et plus particulièrement grâce aux dissensions.

Après avoir démontré théoriquement que la constitution mixte est la meilleure, et essayé de comprendre ce qui distingue les deux principales cités l'ayant obtenue, à savoir Rome et Sparte, Polybe (le plus romanisé des historiens grecs), exprime très clairement

peuple. Que si ce nom, pris ailleurs dans un autre sens, s'éloigne trop de notre langage accoutumé, il n'est pas moins certain que la vraie justice n'appartient qu'à cette cité dont l'Écriture a dit : On a publié de toi des choses glorieuses, cité de Dieu » (*CD*, II, 22). Tous les principes du droit romain – comme le fameux *suum cuique tribuere*, attribuer à chacun le sien, sont mis à mal. Car la véritable justice vient de Dieu et elle exige d'abord de lui rendre ce qui lui appartient, à savoir la totalité de la création.

la différence entre le modèle spartiate et le modèle romain, par le biais de leur moyen d'acquérir cette constitution :

> « Un raisonnement [*logos*] avait donc permis à Lycurgue de prévoir l'origine et les modalités naturelles de chaque étape de l'évolution [...]. Les Romains, eux, s'ils sont parvenus au même résultat dans l'organisation de leur pays, ne l'ont pas atteint par le raisonnement, mais à travers un très grand nombre de luttes et d'épreuves ; c'est précisément de l'enseignement donné par leurs vicissitudes, qu'ils ont su tirer chaque fois la leçon la meilleure, parvenant ainsi au même résultat que Lycurgue et à la plus belle organisation politique de notre temps[1]. »

L'opposition se clarifie : d'un côté, la perfection d'une constitution est tributaire d'un *logos*, et donc d'un trait de génie quasi divin comme il le précisera plus loin (mais qui, d'une certaine manière, aux yeux de Polybe, se retournera contre les Spartiates dans des situations d'adversité), tandis que de l'autre, le même type de constitution est le fruit de l'histoire, de chaque leçon que les Romains ont tirée de ses vicissitudes.

Cicéron poursuivra cette lecture dans la *République* : il commence par prendre position contre ceux qui « détournent » de la chose publique (fragment 5)

1. Polybe, VI, 10, 12-14, trad. Paris, 1977, p. 81-82.

et qui se retirent dans « l'agrément » (*otium*) de la philosophie ou du savoir (fragment 6) et avoue, à l'opposé, ne pas pouvoir « citer les innombrables citoyens qui furent, chacun, les sauveurs de la cité »[1]. L'opposition entre, d'une part, la pratique citoyenne qui fait exemple et, d'autre part, la philosophie dans la mesure où elle s'écarterait de la chose publique, s'affirme très clairement aux dépens de la seconde dans le paragraphe qui suit :

1) la vertu n'est pas une technique qu'il suffit de *connaître* (comme nous l'avons vu, c'est là aussi ce qu'Aristote reproche à Platon et plus singulièrement encore à Socrate) ;

2) tout ce qu'avancent les philosophes a toujours *déjà* été réalisé et établi dans la cité ;

3) le citoyen peut contraindre tous ses concitoyens à agir, là où le philosophe ne peut au mieux qu'en « *persuader* » quelques-uns[2] (voir ci-dessus l'analyse du courage chez Platon) ;

4) Caton lui-même (voir plus loin) avait été considéré comme *demens* par les philosophes pour avoir accepté les turbulences propres à la vie publique[3].

1. Cicéron, *Rép*, I, 1, trad. Paris, 2002, p. 195.
2. Cicéron, *Rép.*, I, 11, 2 et 3, p. 195-197.
3. Cicéron, *Rép*, I, 1, 1.

En conséquence, nous avons donc bel et bien comme moteur de l'histoire, et partant de là, de la grandeur romaine une forme de vertu qui se distingue de ce que peut induire l'enseignement des philosophes et qui ne se conçoit que porté collectivement. Cette histoire de Rome est tellement collective qu'il est impossible de mentionner encore le nom de tous les sauveurs de la cité ; à ce titre, la leçon de l'histoire s'oppose à l'œuvre du philosophe, en ce qu'elle est toujours signée par un seul auteur et en ce qu'elle ne peut, par la persuasion, agir que sur quelques individus. Cicéron reprend plus loin des propos qu'il attribue originairement à Caton :

> « La constitution de notre cité [...] est supérieure à celle des autres cités, pour la raison suivante : là, ce furent en général des individus qui constituèrent leurs États respectifs par leurs lois et leur organisation [...]. Notre État, au contraire, n'a pas été constitué par l'intelligence d'un seul homme, mais par celle d'un grand nombre ; et non au cours d'une seule vie d'homme, mais par des générations, pendant plusieurs siècles. Il n'a jamais existé [...] un génie assez grand pour ne rien laisser lui échapper de tous les faits, et tous les génies réunis pour n'en faire qu'un seraient incapables, à un moment donné, de prendre de sages mesures, en embrassant toute la

réalité, s'ils manquaient de l'expérience que donne une longue durée[1]. »

En analysant ainsi la meilleure forme de gouvernement sur base de l'histoire effective de Rome, Cicéron affirme ensuite une nouvelle fois se distinguer de la philosophie (et plus particulièrement de Socrate et Platon) qui réfléchit sur une « cité imaginaire ». Nous retrouvons ici un refus, semblable à celui déjà signalé par Machiavel, de penser le politique à partir d'une représentation imaginaire de la cité, c'est-à-dire à partir de normes rationnelles et extrinsèques.

L'opposition qui se construisait de la sorte est claire : une constitution étalée dans le temps face à une constitution établie en une fois ; l'œuvre de tous ceux qui prirent part à la vie politique face à l'œuvre, « philosophique » et signée, d'un seul législateur ; Rome et la Grèce… Il est utile de rappeler ici la place centrale qu'occupe Caton dans le raisonnement cicéronien : Caton, contemporain de Polybe dont il était l'ami lors de son séjour à Rome (et dont il est vraisemblablement le principal inspirateur pour son histoire de Rome), en plus d'être réputé pour avoir

1. Cicéron, *Rép.*, II, I, 2 (p. 7-8), passage partiellement répété en *Rép.*, II, XXI, 37.

chassé les philosophes de la cité, est le premier auteur connu d'une Histoire de Rome, aujourd'hui perdue (les *Origines*), ouvrage dans lequel il aurait refusé de lier à des noms d'individus les succès militaires et politiques de Rome, tant il était persuadé qu'ils n'étaient que le fruit du service anonyme de l'ensemble des citoyens.

Pour comprendre cet éloignement produit par le républicanisme romain et poursuivi par Machiavel par rapport à une approche théorique ou « imaginaire » du politique et pour pouvoir le relier à la question du courage, on peut mobiliser l'opposition développée par Hannah Arendt entre *poièsis* et *praxis*[1]. Selon elle, la pensée politique et esthétique platonicienne consista entre autres à penser le politique à partir du faire ou de la fabrication au détriment de l'agir propre à la *politeia* (et à la tragédie) athénienne. Il s'agissait de substituer la solidité de l'imitation du modèle qui définit la fabrication, avec la prévisibilité et l'assignabilité (d'un commencement, d'un auteur) que cela permet, à la fragilité inhérente à la *praxis*, qui « hérite d'un réseau de relations et de paroles qui

1. Voir H. Arendt, *CHM, op. cit.*, chapitre 5, et surtout J. Taminiaux, *Le Théâtre des philosophes*, Grenoble, Jérôme Millon, 1995, chapitre 1.

la précèdent »[1], dont on ne peut prévoir l'issue et qui est toujours irréversible.

Arendt refuse radicalement une telle réduction de l'agir politique (*praxis*) à la fabrication, au « faire » (*poièsis*), par exemple au fait de légiférer « en artisan ». Cette réduction signifie à ses yeux la volonté de justifier l'action politique par son résultat, par le produit concret et reconnaissable qui est ainsi visé, avec la violence que cela peut induire à l'encontre de la pluralité et la perte du sens proprement politique de l'action. Le signe de cette réduction de la politique à la fabrication peut être trouvé dans la constante métaphore de l'artisan-spécialiste, qui ouvre la porte à la tyrannie, et est, selon Arendt, propre à Platon et à l'échec grec dans sa tentative de fonder l'autorité[2].

Cette violence et cette perte de l'agir politique résultent donc entre autre chose de « la coercition par la raison » qui justifie et donc assied la domination par la contemplation des idées, par le « pouvoir de la raison »[3]. Une telle réduction de l'action

1. J. Taminiaux, *Le Théâtre des philosophes, op. cit.*, p. 22.
2. Voir par exemple H. Arendt, *CHM, op. cit.*, plus particulièrement tout le chapitre V, ainsi que « Qu'est-ce que l'autorité ? », in *La Crise de la culture, op. cit.*, p. 147 et p. 182.
3. H. Arendt, « Qu'est-ce que l'autorité ? », *op. cit.*, p. 142 et 147.

politique au faire se justifiait par la sûreté inhérente à la fabrication qui se présentait comme le « remède à la fragilité des affaires humaines », quitte ainsi à « détruire la substance même des rapports humains »[1]. La solidité de la fabrication nie dès lors explicitement la fragilité inhérente à « la condition humaine de pluralité », ce qui revient donc, pour Arendt, à supprimer « le domaine public »[2]. Le procès est radical, comme on le voit : la condition de fragilité et de pluralité est comme telle effacée par l'ordre et l'unité portés par l'idée d'un gouvernement qui sait ce qui doit être fait.

C'est là un procès sans doute excessif par rapport à la pensée platonicienne qu'elle rend redevable de cette mutation (de même qu'on peut reprocher à Arendt de ne pas comprendre combien Machiavel s'inscrit par excellence dans cette tradition de la *praxis*), mais ce procès n'en reste pas moins utile pour la pensée politique : Arendt parvient de la sorte à faire de la dichotomie *praxis/poièsis* le nœud le plus profond de notre tradition politique, un nœud qui nous mène précisément à deux conceptions de la vertu. L'opposition radicale qu'Arendt pose ainsi

1. H. Arendt, *CHM, op. cit.*, p. 255.
2. *Ibid.*, p. 283.

entre la politique comme action ou comme fabrication (avec l'appel à la raison et à la violence que cette dernière produit), est fondamentale pour comprendre la vertu du courage comme centre de la pensée républicaine et les critiques du modèle politique grec présentes chez Cicéron et Machiavel. Seule une compréhension radicalement collective de l'agir politique peut respecter sa fragilité, son inassignabilité voire son inexorabilité, et son inscription dans une tradition. À l'opposé de cette compréhension collective, la pensée politique depuis Platon jusqu'à l'expertise contemporaine, avec l'appel au pouvoir de la raison ainsi constamment relayé, se déploie précisément de manière à remédier à une telle fragilité sans l'assumer.

Dès lors, toute vertu proprement politique, toute forme de courage respectueuse de cette fragilité, ne peuvent se concevoir que comme collectives, au point de signifier la dilution du caractère signé de l'action politique, c'est-à-dire son devenir anonyme. Et la réflexion républicaine faisant appel à la vertu du courage se présente alors aussi comme celle qui tente de maintenir et de respecter la fragilité inhérente à l'agir politique en ce qu'il est pris dans la pluralité. Dans la dernière partie de ce livre, nous verrons combien ce lien entre fragilité et courage, et plus encore courage collectif, doit être repris à nouveaux frais dans le cadre de la pensée contemporaine, en ce qu'elle est marquée à la fois par l'expérience du totalitarisme et par les dangers environnementaux.

5. LE COURAGE COMME CONNAISSANCE

a. Connaître l'occasion.

MAINTENANT que nous avons pu éprouver le caractère à la fois excessif et collectif d'une vertu proprement politique, nous pouvons tenter de récupérer la catégorie de la connaissance, mais en lui donnant d'abord, avec Machiavel, un sens absolument nouveau, qui la rend autonome de ce pouvoir déterminant de la raison (le *logos*, l'expertise…) qu'elle semble comporter. Ce qu'il s'agit de comprendre, c'est très précisément ce que peut signifier une « connaissance de l'occasion », connaissance qui ne peut en rien équivaloir à une maîtrise, sans toutefois devoir se réduire à une simple adaptation passive aux événements, puisqu'à aucun moment, les auteurs que nous avons ici exploités n'ont abandonné la référence à la vertu.

Machiavel définit les hommes les « plus excellents » comme ceux dont la « vertu permet que cette occasion soit connue »[1]. Le doute subsiste fondamentalement dans ce passage du texte machiavélien quant au sens de cette « connaissance » qui découle de la vertu – « *la eccellente virtù loro fece quella occasione essere conosciuta* » : s'agit-il encore d'une connaissance au sens propre ? Ne doit-on pas plutôt entendre cette connaissance comme une rencontre[2] qui elle-même rend manifeste l'occasion ? Cette dernière n'existe donc que dans la mesure où elle est saisie, mais elle désigne bien de la sorte l'objet d'une connaissance ; une connaissance qui s'inscrit de plain-pied sur le terrain éthique, et qui poursuit l'idée de la *phronèsis* aristotélicienne comme savoir de l'occasion, comme vue immédiate et non réfléchie de ce qu'il y a à faire et comme réclamant précisément un rapport à la vertu.

1. Machiavel, *Princ.* VI, *op. cit.*, p. 264-265.
2. Au sens où, en français du moins, on dit par exemple qu'on a connu une femme ou un homme, par excellence dans un sens sexuel, ou encore qu'on a connu des difficultés.

On trouve la même ambiguïté propre à une forme de connaissance résolument pratique dans le *Capitolo dell'Occasione*, un chant consacré par Machiavel à l'occasion. Dans ce poème, celle-ci s'y dit « connue de peu » ; tournant, courant, se dérobant, éblouissant au point de pouvoir dire : « on ne me [re]connaît pas quand je passe »[1]. Dans ce superbe chant, celui qui laisse passer l'occasion et qui est donc incapable de la saisir et de la connaître est avant tout celui-là même qui la questionne, et qui, « occupé par de multiples vaines pensées » – c'est-à-dire occupé à tenter de définir ou cerner l'occasion –, ne peut que la laisser fuir. Bref, on laisse fuir l'occasion précisément quand on espère la maîtriser par notre connaissance. Sa connaissance ne relève pas de la maîtrise, ni d'une expertise, mais très précisément d'une rencontre ; et à ce titre, de la vertu.

Nous avions vu que dans le chapitre XXV du *Prince*, Machiavel affirme la supériorité de l'impétuosité sur la circonspection, et le fait que la Fortune est l'amie des jeunes gens parce qu'ils la traitent avec audace plutôt qu'avec prudence. Dans ce même chapitre,

1. Machiavel, *Capitolo dell'Occasione*, in *Tutte le opere, op. cit.*, p. 987.

Machiavel avait dit auparavant que l'homme heureux est celui dont « la manière de procéder rencontre la qualité des temps », et que le malheur réside au contraire dans des « procédés qui discordent avec les temps ». Si c'est donc bien une « rencontre » qui semble ainsi visée, et plus précisément la rencontre d'une multiplicité changeante, Machiavel précise que cet accord ne consiste nullement dans le fait d'épouser le changement : il repousse cette prudence minimale qu'est la *versatilitas* dont Pontano, en 1496, avait fait l'apologie dans son *De prudentia*, une sorte de variation humaniste civique de l'*Éthique à Nicomaque* qui refusait toute priorité au savoir contemplatif sur la sagesse pratique : dans cet ouvrage qui aborde frontalement la question du rapport de l'action au temps, un temps strictement humain, Pontano réservait une place toute particulière à une prudence entendue comme capacité de « se plier et se changer selon les lieux et les temps », mais sans tomber dans la fraude[1]. Pour Machiavel au contraire, non seulement, comme on l'a vu,

1. Voir sur ce point S. Gambino Longo, « La prudence du quotidien : histoire d'une vertu ambiguë de Pontano à Bruno », in P. Galand-Hallyn et C. Levy (eds.), *Vivre pour soi, vivre dans la cité de l'Antiquité à la Renaissance*, Paris, Presses Universitaires de Paris-Sorbonne, 2006, p. 176 *sq.*

la fraude ne représente pas une limite, mais le changement constant est impossible : la nature ou au moins l'habitude y résistent. Rencontrer la qualité des temps et résister à la variation de la Fortune ne consiste pas à épouser le changement mais à le forcer, et donc très précisément dans l'audace et l'impétuosité. Et s'il s'agit ainsi d'audace, et donc d'une rupture radicale avec la vertu modérée de la prudence, c'est en ce que toute rencontre avec le temps, qui en révèle les occasions, désigne *in fine* un conflit avec son temps[1].

C'est à ce titre aussi que le courage peut être compris comme un genre de connaissance, celui de la rencontre de l'occasion : une telle connaissance ne peut se départir d'aucune manière du conflit ; elle manifeste ou même comprend, au sens le plus fort du terme, toujours la nécessité d'un conflit. Il n'y a rencontre que dans la mesure où il y a action sur le temps, c'est-à-dire rupture, révélation ou manifestation de la fertilité d'un conflit.

Toute la pensée de Machiavel peut trouver son sens dans le fait de proposer ou au moins de questionner la

---

1. Voir à ce sujet M. E. Vatter, « Chapitre XXV du *Prince*. L'histoire comme effet de l'action libre », in Y.-C. Zarka et T. Ménissier (eds.), *Machiavel, le Prince ou le nouvel art politique*, Paris, PUF, 2001, p. 209-244.

vertu ou le courage comme la possibilité d'une forme de connaissance. Cette connaissance ne repose plus en rien sur une maîtrise objectivante des choses (des situations, des institutions, de l'histoire), elle ne suppose pas leur détermination : celle-ci ne pourrait induire, au pire, qu'un idéalisme, au mieux qu'une prudence circonspecte ou versatile. La connaissance machiavélienne réside donc entièrement dans la rencontre. Elle est rencontre dans la mesure où ce qu'il s'agit de connaître, ce sont des corrélations, ces corrélations conflictuelles auxquelles on ne doit pas chercher à échapper, dont on doit au contraire assumer la part de mal, la part d'inconvénients. Le courage consiste à accepter, par exemple et comme on l'a vu, que la puissance est corrélée à la division ou à l'instabilité. La connaissance est rencontre dans la mesure où elle porte sur ces corrélations qu'on ne peut dépasser ; elle les montre, les rend manifestes et donne la possibilité d'en profiter. Et elle relève du courage dans la mesure où ces corrélations définissent toujours un conflit, la pénétration mutuelle de ce qu'on considère comme bien et comme mal.

D'où le fait que Machiavel pointe précisément, chez ceux – tels les augustiniens – qui ne parviennent à comprendre la grandeur romaine (sauf en en appelant à la

Providence) parce qu'elle leur semble incompatible avec les divisions et les changements qui habitent l'histoire de cette cité, une incapacité à admettre qu'il y a de l'ordre et de la puissance dans ce qui semble n'être que désordre, c'est-à-dire une incapacité à percevoir – ou même un refus de percevoir – ces corrélations, cette puissance dont les conflits peuvent être porteurs. Or, cette incapacité de ses adversaires à comprendre les liens qu'il peut y avoir entre ordre et désordre relève précisément, pour Machiavel, d'une peur que lui-même a choisi de tourner en dérision :

> « Et si quelqu'un disait : ces moyens sont extraordinaires, presque affreux, entendre le peuple uni crier contre le sénat, et le sénat contre le peuple, tous courant tumultueusement dans les rues, devoir fermer les boutiques, voir la plèbe s'enfuir de Rome, toute chose qui épouvante déjà celui qui les lit[1]. »

Derrière ce personnage imaginaire qui exprime la voix commune, on retrouve précisément chacun des présupposés de la tradition par lesquels cette dernière s'est toujours empêchée de percevoir la fertilité de l'histoire mouvementée et conflictuelle de la république romaine : obsession de la concorde qui seule permet

1. Machiavel, *Disc.* I, 4, *op. cit.*

de juger des institutions, représentation du politique et de la vertu comme les possibles fruits d'une réflexion théorique, espoir de dessiner des ordres définitifs… tout cela, par lequel se définit traditionnellement la relation de la philosophie au politique et que Machiavel déconstruit un peu partout dans ses écrits, est réduit ici à la seule affirmation d'une épouvante, d'une crainte, une crainte dont il ne peut que rire ou qu'il singe : la peur du désordre et de la division, lesquels ne pourraient être comme tels politiques.

Nulle part, sans doute, on ne trouve une tentative aussi radicale de mettre en avant une connaissance entendue comme rencontre, et donc comme courage puisque la rencontre ne peut être qu'impétueuse et débarrassée de la peur du conflit, mais aussi de la crainte devant cette fragilité, imprévisible et irréversible de la *praxis*, une fragilité dont Arendt pointait qu'elle nous pousse à lui substituer les certitudes et l'assignabilité des politiques d'expertise ; bref une connaissance débarrassée dès lors des certitudes d'une approche unifiante et maîtrisante. On doit cependant noter qu'une longue suite de philosophes, qu'on pourrait rapidement qualifier de matérialistes, ont cherché à développer une forme de connaissance qui s'éloigne de toute recognition et qui ne peut plus s'entendre que comme une rencontre, avec la contingence qu'elle comporte et la nécessité de penser qu'elle ouvre : qu'il s'agisse d'un Marx anti-hégélien[1] ou d'un Deleuze explorant les paradoxes, mais aussi, sur un mode plus tragique (ou moins fertile) et sous la forme d'un matérialisme aléatoire, chez le dernier Althusser relisant Lucrèce et Épicure.

b. Penser son actualité : les Lumières

Tout au long des Temps Modernes, on assiste à la construction d'une autre manière de penser le courage dans l'activité de la connaissance, qui questionne cette fois la connaissance comme un rapport à soi et qui s'accomplira dans les Lumières.

Dès le *Discours de la servitude volontaire* d'Étienne de La Boétie (rédigé en 1548) apparaît une réflexion sur la servitude en ce qu'elle résulterait non pas, ou pas exclusivement, de la domination mais de la volonté ou l'absence de volonté de ceux qui la subissent :

1. « Comment, en effet, la seule formule logique du mouvement, de la succession, du temps, pourrait-elle expliquer le corps de la société, dans lequel tous les rapports coexistent simultanément et se supportent les uns les autres ? » (K. Marx, *Misère de la philosophie*, II, 1, 3ᵉ observation, cité d'après la traduction française de 1948).

les hommes vivent « sous le joug, non pas contraints par une plus grande force, mais [...] enchantés et charmés par le nom seul d'un »[1]. La réalité de la domination ne doit pas être considérée comme étant niée par une telle idée que « c'est le peuple qui s'asservit, qui se coupe la gorge, qui [...] prend le joug »[2] : on pourrait en effet suivre les rapports multiples que la servitude volontaire noue à la domination, l'une et l'autre se renforçant dans l'habitude, la coutume, la superstition, l'idéologie, et s'ouvre ainsi la possibilité critique que Marx développera à l'aide de l'idée d'aliénation. Mais le doute subsistera toujours quant au fait de savoir ce qui inaugure un tel rapport. Ce qui compte, c'est qu'ainsi, au seuil des Temps Modernes, La Boétie pointe le fait que la sortie de la servitude ne peut plus ou plus seulement résider dans la diminution de la puissance du dominant, mais réclame que les motifs d'un refus des dominés soient questionnés : « la seule liberté, les hommes ne la désirent point, [...] comme s'ils refusaient de faire ce bel acquêt, seulement parce qu'il est trop aisé ». Ce nécessaire questionnement sur nous-mêmes, sur notre refus d'être libres, devient la

1. É. de La Boétie, *Discours de la servitude volontaire*, Paris, Garnier-Flammarion, 1983, p. 132-133. Ci-après *DSV*.
2. *Ibid.*, p. 136.

condition de l'action, une condition qui équivaut à agir. La Boétie conclut en effet, à propos de la liberté, que « s'ils la désiraient, ils l'auraient »[1].

Ce refus de la liberté, et son éventuel renversement, c'est donc notre actualité, une tout autre actualité que celle de Machiavel (et plus tard de Marx), qui à la fois restait occupée, de manière proprement ontologique, par la seule confrontation objective des désirs de dominer et de ne pas être dominé, et qui était entièrement tournée vers le geste impétueux capable de s'inscrire dans cette actualité. Ici au contraire, notre actualité ne doit nous mettre d'abord aux prises qu'avec nous-mêmes. Ce retour à soi, entendu comme questionnement sur sa propre actualité, situe donc le courage à même la connaissance, une connaissance de soi qui seule peut ouvrir sur une sortie de la servitude dès lors que la puissance des dominants renvoie toujours à une impuissance des dominés. Spinoza accomplira cette mise en relation des deux puissances, avec la nécessité qu'elle ouvre d'un questionnement sur « l'inertie des sujets, lesquels se laissent conduire comme un troupeau »[2], tout en maintenant, à la suite de Machiavel, le politique dans le socle de

1. *DSV*, p. 138.
2. Spinoza, *TP* V, 4, p. 159.

la confrontation. C'est dans ce cadre qu'il ne cesse de s'inquiéter, dans son *Traité politique* et plus encore dans son *Traité théologico-politique* (chapitres XVII et XX) de la possibilité d'une automatisation ou d'une animalisation totale des sujets, par la crainte et la superstition[1]. Mais toujours, il affirme que l'abandon absolu de leur puissance et de leurs droits par les sujets est impossible parce que « des hommes doués de raison ne renoncent jamais à leur droit au point de perdre le caractère d'homme et d'être traités comme des troupeaux »[2]. Toujours subsistera une réserve de liberté, une « faculté de juger » dont l'homme ne peut réellement pas se dessaisir[3]. C'est donc en pointant et en maintenant toujours cette réserve de liberté – au sein même d'une multitude dont il analyse lucidement les capacités d'inertie et de superstition, que Spinoza peut inscrire dans cette dernière une force de

---

1. Voir à ce sujet le très bel article de L. Bove, « Spinoza, le "droit naturel propre au genre humain", une puissance commune de revendiquer des droits », in J. Allard et T. Berns (eds.), *Humanités*, Bruxelles, Éditions Ousia, 2005, p. 171-190 et T. Berns, « Le maintien absolu du droit naturel chez Spinoza : ce droit de penser qu'on se réserve », in X. Dijon (dir.), *Droit naturel, relancer l'histoire*, Bruxelles, Bruylant, 2008, p. 431-452.

2. Spinoza, *TP* VII, 25, p. 195-196.

3. Spinoza, *TP* III, 8, p. 141.

résistance ultime. Ce double mouvement, par lequel sont à la fois pointées les capacités des sujets à se laisser subjuguer, voire à se subjuguer eux-mêmes, et leurs capacités à résister ou à s'en protéger, nous semble fondamental en ce qu'il cerne précisément l'espace sur lequel une prise peut être définie, c'est-à-dire l'espace qui permet de maintenir une exigence de courage : ce double mouvement ouvre sur les analyses les plus opérantes réalisées sur le capitalisme contemporain[1].

Mais on peut surtout considérer que le projet des Lumières est comme tel une réponse au questionnement de La Boétie sur une servitude volontaire. Kant décrit en 1784 un tel projet non seulement comme questionnement sur sa propre actualité, sur sa propre minorisation, mais aussi comme relevant précisément du courage[2]. Puisque l'homme est responsable de son état de servitude – de tutelle ou de minorité

---

1. L. Boltanski et E. Chiapello *Le Nouvel esprit du capitalisme*, Paris, Gallimard, 1999 ou I. Stengers et Ph. Pignarre, *La Sorcellerie capitaliste*, Éditions de la Découverte, 2005.
2. E. Kant, *Réponse à la question : Qu'est-ce que les Lumières ?* Nous nous référons ici à la traduction française proposée par F. Proust et J.-F. Poirier : E. Kant, *Vers la paix perpétuelle… et autres textes*, Paris, GF Flammarion, 1991 ; l'introduction de ce volume est tout particulièrement utile pour notre propos.

comme le dit Kant –, c'est en lui-même qu'il doit chercher les possibilités de changement, et plus précisément dans ses usages de la raison. Et c'est pourquoi il s'agit, mais cette fois de manière explicite, d'un courage de savoir, auquel Kant nous enjoint, en réponse à l'asservissement volontaire de La Boétie, entendu tout aussi explicitement comme la mise sous tutelle de l'activité de penser. Ce courage est, pour Kant, la devise des Lumières :

> « *Les Lumières, c'est la sortie de l'homme hors de l'état de tutelle dont il est lui-même responsable. L'état de tutelle est* l'incapacité de se servir de son entendement sans la conduite d'un autre. On est *soi-même responsable* de cet état de tutelle quand la cause tient non pas à une insuffisance de l'entendement mais à une insuffisance de la résolution et du courage de s'en servir sans la conduite d'un autre. *Sapere aude !* Aie le courage de te servir de ton *propre* entendement ! Voilà la devise des Lumières[1]. »

L'activité du savoir réclame du courage dans la mesure où, comme le précise immédiatement Kant, elle est limitée par ces multiples « tuteurs » – des livres, des directeurs de conscience, des médecins… Ces tuteurs maintiennent l'homme dans une situation de minorité, s'emploient à le « surveiller » par « bienveillance »

---

1. Kant, *Qu'est-ce que les Lumières ?, op. cit.*, p. 43. Ci-après *QL*.

et « sollicitude », et entretiennent une « paresse » et une « lâcheté » face à cette activité de la liberté en la présentant comme « dangereuse » et « pénible ». L'état de tutelle devient ainsi une « nature » pour l'homme. La sortie d'un tel état pourrait certes consister en un arrachement individuel, mais celui-ci ne peut advenir que de manière exceptionnelle, puisque c'est la nature même de l'homme qui est concernée. C'est donc bien plutôt au niveau collectif que cet arrachement sera produit, par la construction d'un public auquel la liberté sera accordée et par le mouvement de contamination qui pourra être produit : car ce qui compte ici pour Kant, c'est la « propagation » d'un certain « esprit » (*Geist*), d'un état d'esprit qui met en avant la « vocation de tout homme à penser par soi-même »[1]. Kant pointe ici avec beaucoup de lucidité l'importance à la fois d'un usage de la raison entendu comme l'*exercice* d'une capacité paralysée par la peur et la paresse[2] et celle de son caractère communicatif, circulant.

1. Kant, *QL, op. cit.*, p. 43-44.
2. Pour l'analyse de cette idée que la faculté de juger doit être pensée comme un « exercice », voir J. Piéron, « L'audace de la pensée : sur Kant et les Lumières », in *Dissensus. Revue de philosophie politique de l'Université de Liège* (http://popups.ulg.ac.be/dissensus/), n° 2, 2009 : Dossier « Figures du courage politique dans la philosophie moderne et contemporaine », p. 65-77.

Pour comprendre l'appel à la pensée ainsi formulé avec le risque qu'elle représente, il faut en effet noter que, pour Kant, elle ne désigne pas une activité théorique, mais une activité pratique, une manière d'user de sa raison et de l'exercer. L'activité de penser, de s'orienter dans la pensée, comme le dit Kant dans un autre petit texte de la même époque, est un exercice risqué et expérimental de la liberté, en ce qu'une telle activité manque de principes objectifs extrinsèques, c'est-à-dire ne consiste pas dans l'application de règles, et qu'elle renvoie donc exclusivement au sujet lui-même, plus encore à l'épreuve d'un besoin :

> « Dès lors ce n'est absolument plus selon les principes objectifs de la connaissance, mais uniquement selon un principe de différenciation subjectif, qu'elle est en mesure, dans la détermination de sa propre faculté de juger, de soumettre ses jugements à une maxime déterminée. Ce moyen subjectif, le seul qui lui reste encore, n'est autre que le sentiment du propre *besoin* de la raison[1]. »

Dans la *Critique de la faculté de juger*, Kant revient sur cet exercice d'orientation dans la pensée avec

1. Kant, *Que signifie s'orienter dans la pensée ?*, in *Vers la paix perpétuelle… et autres textes*, *op. cit.*, p. 59.

des mots fort semblables à ceux du texte sur les Lumières, en insistant sur l'activité ainsi désignée :

> « La première maxime [penser par soi-même] est celle d'une raison qui n'est jamais *passive*. Le penchant à la passivité, et par conséquent à l'hétéronomie de la raison, s'appelle *préjugé* ; le plus grand de tous consiste à se représenter la nature comme n'étant pas soumise aux règles que l'entendement lui donne pour fondement grâce à sa propre loi essentielle, et c'est la *superstition*. La libération de la superstition s'appelle *les Lumières*[1]. »

Entendue de la sorte, la manière de penser propre aux Lumières, tout en comportant bien sûr les habituelles exigences de dépassement des préjugés, se définit bien plus fondamentalement comme une activité et comme une activité de liberté qui trouve sa condition dans un régime de liberté :

> « Mais pour ces Lumières il n'est rien requis d'autre que la *liberté* ; et la plus inoffensive parmi tout ce qu'on nomme liberté, à savoir celle de faire un *usage public* de sa raison sous tous les rapports[2]. »

Cette liberté en acte a elle-même un double sens, qui correspond à un double rapport au collectif, au

1. Kant, *Critique de la faculté de juger*, trad A. Philonenko, Paris, Vrin, 1993, § 40, p. 128. Ci-après *CFJ*.
2. Kant, *QL, op. cit.*, p. 45.

public des Lumières. D'une part, il s'agit bien sûr de la liberté dont doit effectivement bénéficier la pensée de la part de ces différentes tutelles pour constituer un espace public. Et ici, Kant fait appel à une distinction fondamentale de la pensée politique, mais dont il renverse les termes : l'usage de la raison doit être libre, mais en ce qu'il s'agit d'un usage public de la raison, qui ne contrevient en rien aux limitations nécessaires posées à l'usage privé de la raison, c'est-à-dire à l'usage de la raison défini par des relations d'obéissance, prévue en vue de fins particulières :

> « L'usage *public* de sa raison doit toujours être libre et il est seul à pouvoir apporter les Lumières parmi les hommes ; mais son *usage privé* peut souvent être très étroitement limité sans pour autant entraver notablement le progrès des Lumières. Mais je comprends par usage public de sa propre raison celui qu'en fait quelqu'un, en tant que *savant*, devant l'ensemble du public *qui lit*. J'appelle usage privé celui qu'il lui est permis de faire de sa raison dans une *charge civile*[1]. »

Un tel usage public et libre de la raison est parfaitement compatible avec l'obéissance dans son usage privé. Dans plusieurs autres textes, Kant met en avant les manifestations non rebelles de ce public éclairé :

1. Kant, *QL*, *op. cit.*, p. 45.

dans le *Conflit des facultés*, il pointe l'enthousiasme manifesté par les intellectuels européens pour les idées de la Révolution française, un enthousiasme dont il fait un signe de la moralité en ce qu'il s'agit à la fois d'un engagement risqué et désintéressé (et donc courageux). Dans *Vers la paix perpétuelle*, il constate l'avancement de la communauté des peuples de la terre en notant que « toute atteinte au droit en *un* seul lieu de la terre est ressentie en *tous* »[1], et il semble même faire de la circulation de cette sensibilité le principal vecteur de la paix. Toujours, il s'agit dans le chef de Kant de pointer un mouvement de diffusion, la circulation d'un état d'esprit. Et s'il ne s'agit ainsi *que* d'une question de circulation d'un état d'esprit, c'est dans la mesure où cet usage libre de la raison doit se distinguer totalement de l'usage privé de la raison dans lequel les relations d'obéissance et d'autorité sont maintenues : les activités purement intellectuelles, avec leurs effets politiques (évolution de la paix et développement d'un état de majorité) se déploient hors de toute concurrence par rapport au registre politique et juridique de la souveraineté (qui n'est ainsi jamais remis en question).

1. Kant, *Vers la paix perpétuelle*, *op. cit.*, p. 96.

Mais en plus, l'usage public de la raison est un acte de liberté en ce que l'homme y fait appel exclusivement en tant qu'être raisonnable, c'est-à-dire en ce que la pensée devient à elle-même son propre objet et sa propre fin, et que c'est de la sorte qu'elle doit s'orienter. Elle est ainsi dans un état d'indétermination et donc véritablement libre. Dès lors, surgit une autre dimension collective propre à l'arrachement pourtant purement réflexif à l'état de tutelle : comme le définit la *Critique de la faculté de juger*, la maxime d'une pensée qui se réfléchit elle-même, avec l'indétermination absolue dans laquelle elle installe la raison, consiste dans le fait de penser en se mettant à la place de tout autre. Ce qui est en jeu ici est

> « une faculté de juger qui dans sa réflexion tient compte en pensant [*a priori*] du mode de représentation de tout autre homme, afin de rattacher pour ainsi dire son jugement à la raison humaine tout entière et échapper, ce faisant, à l'illusion, résultant de conditions subjectives et particulières pouvant aisément être tenues pour objectives, qui exercerait une influence néfaste sur le jugement »[1].

Vu de cette manière purement réflexive, l'usage public de la raison ne désigne donc en rien, pour

1. Kant, *CFJ*, § 40, p. 127.

Kant, la possibilité de profiter du débat, c'est-à-dire de la communication elle-même, pour déterminer le jugement. Liberté et publicité ne sont pas l'expression d'un agir communicationnel à caractère dialogique tel que développé par Habermas ; elles sont liées en ce que la pensée fait pour elle-même l'épreuve de son indétermination et dans cette situation s'oriente par rapport à l'idée d'un public.

Ces deux faces du public, la faculté de juger et la république des lettres, se rencontrent dans l'idée des Lumières, dont la maxime serait un acte courageux de majorité de la pensée : il s'agit à la fois d'orienter la pensée en se mettant à la place de tout autre *et* de faire circuler cet état d'esprit en en faisant l'exercice dans des conditions minimales de liberté civile. Comme le note Foucault[1], Kant ne définit ainsi nullement une *doctrine* propre aux Lumières et pourvue de certaines règles, mais il manifeste un « *éthos* », une « attitude ». Celle-ci consiste à problématiser à la fois le rapport au présent d'une pensée (son actualité, ses teneurs en possibilités) et le rapport à soi du sujet. Une certaine représentation du savoir s'impose

1. M. Foucault, *Qu'est-ce que les Lumières ?* (1984), dans *Dits et Écrits*, vol. IV, Paris, Gallimard, 1994, p. 562-577.

ainsi à la modernité : il ne s'agit nullement là de concevoir la démarche de connaissance en général, et les Lumières en particulier, exclusivement en termes de vérité, mais comme reposant d'abord sur un questionnement du philosophe sur sa propre actualité, sur ses sujétions, sur les possibilités de s'arracher à celles-ci, sur l'indétermination dans laquelle la pensée doit s'orienter, sur les nouages d'une activité purement réflexive et d'un public. Bref, selon les mots de Foucault, une attitude, et cette attitude se définit pour Kant comme courage.

Nous assistons ainsi à une complication passionnante des compréhensions traditionnelles de la connaissance, en ce que cette dernière relève de la sorte aussi d'un engagement, avec le danger de relativisation de la vérité qui pointe alors ici, dans la mesure où la connaissance ne renvoie plus seulement à la vérité mais désigne aussi un processus réflexif et risqué du sujet. C'est en cela qu'il s'agit précisément de courage et c'est en réponse à ce danger que Kant en appelle à l'idée du public, mais un public, comme on l'a vu, qui ne s'offre nullement comme le réconfort d'un agir communicationnel : le public, c'est ce par quoi le jugement s'oriente et se met en mouvement librement quand il doit chercher en lui-même ses principes de différentiation sans se contenter de ses préférences subjectives *et* sans pouvoir compter sur la tutelle d'une direction de conscience ni même sur des règles à appliquer. Le courage exprime au mieux une telle attitude qui lie de la manière la plus intime un retour sur soi, la référence intérieure à un public et à un diagnostic sur un présent.

Dans les marges d'une modernité qui doit oublier la question du courage pour trouver dans la crainte et l'intérêt ses affects de base, nous trouvons donc deux formes de connaissance qui font appel au courage et se définissent l'une et l'autre comme un rapport au temps. L'une, machiavélienne, rencontre son temps en le bousculant. C'est le courage agissant, la connaissance est inscrite dans l'action. L'autre, celle des Lumières, questionne son temps par un retour sur soi, sur sa propre actualité, c'est-à-dire l'actualité de la pensée, de la philosophie, des Lumières elles-mêmes. Nous étions partis du constat de la disparition de la question du courage dans le champ de la philosophie moderne, pour ne la retrouver que dans ces moments et actes d'exception qui nourrissent la pensée de Machiavel et lui permettent de penser la spécificité du politique, au plus loin des actes d'intellection. Ce que Kant indique, sur la base de son actualité, c'est que le courage est précisément la vertu du philosophe. On serait tenté de sourire devant cette ultime migration du courage, après le guerrier homérique, le chrétien face à ses fautes et les jeunes gens machiavéliens qui saisissent audacieusement l'occasion. Certes, que le courage réside dans un rapport à soi et manifeste un enjeu de connaissance était déjà présent dans l'idée de *parrêsia*. Mais il s'agissait là encore d'un acte qui trouvait dans la visibilité sa mesure. Avec Kant, la mesure du courage semble devenir entièrement intérieure (la visibilité ne concerne que sa circulation), et c'est pourquoi le philosophe, même solitaire et obéissant, peut en être l'exemple. Car tel est bien l'enjeu politique de la philosophie kantienne, qui n'est en rien un désintérêt par rapport à la politique : l'usage public de la raison désigne la parfaite contemporanéité de l'exercice libre et indéterminé de la faculté de juger qui tend à intégrer le mode de représentation de tout autre *et* la libre communauté intellectuelle des Lumières comme s'inquiétant d'une telle faculté et comme témoignant ainsi de son potentiel de circulation et de diffusion. Et à ce titre, seraient parfaitement contemporains et constitutifs de la modernité la disparition de la question morale du courage (sauf à faire de l'exercice de la raison une question morale), le caractère réflexif de la philosophie et le fait que le courage devienne *la* question du philosophe quant à sa propre actualité.

III. Fragilité, risque et incertitude
Le courage des Contemporains

I. L'EXEMPLAIRE ET L'INCERTAIN

La PÉRIODE CONTEMPORAINE – et tout particulièrement la pensée du XXᵉ siècle – nous place face à un
constat : la question du courage semble avoir déserté
le champ philosophique. Et ce, alors même que l'on
assiste à un retour en force de cette question dans les
discours contemporains et les arènes publiques. Le
courage comme vertu d'excellence fait encore sens pour
nos contemporains, que ce soit par la valorisation de
ces individus, ou de ces collectifs pensés comme des

individus, héros d'aujourd'hui qui résistent, se mettent en risque, font face avec abnégation…, ou que ce soit de manière plus insidieuse dans la pléthore de discours, mais aussi de mesures et de dispositifs de l'État social actif, appelant à la responsabilisation individuelle, au mérite, à l'effort, ou encore au contrat avec soi-même. Cependant, force est de constater que peu de philosophes du XXe siècle ont abordé la question du courage comme objet de questionnement philosophique. Si quelques auteurs contemporains, tel Vladimir Jankélévitch[1] ou le théologien Paul Tillich[2], poursuivent la voie d'une investigation directement en prise avec la notion, cherchant à complexifier et à articuler celle-ci dans le cadre moral d'un discours sur les vertus, pour le premier, et dans un cadre proprement ontologique, pour le second, ce type de réflexions reste largement minoritaire, comme si penser le courage appartenait définitivement à un monde révolu.

---

1. Jankélévitch consacre un chapitre au courage dans *TDV*, *op. cit.*
2. Cf. P. Tillich, *Le Courage d'être* [1952], trad. et introd. par F. Chapey, Paris, Casterman, 1967. On verra aussi J.-P. LeMay, *Se tenir debout, Le courage d'être dans l'œuvre de Paul Tillich*, Presses de l'Université de Laval, 2003.

a. L'exemplaire

S'il semble donc vain d'aborder le courage en en recherchant une éventuelle stabilité eidétique contemporaine, cette question du courage reste néanmoins présente, mais comme en retrait, de manière secondaire et non frontale. La question du courage ne serait rencontrée qu'au détour de lieux, situations, interactions, figures, acteurs ou auteurs à chaque fois *singuliers* et ancrés dans des contextes spécifiques. Si, comme on l'entend parfois, il y a « crise » du courage, c'est avant tout en ce que cette notion n'est plus l'objet d'un questionnement par son essence la plus profonde. Corrélativement, elle ne devrait plus permettre aucun diagnostic de ses prétendues « pathologies ». Subsiste alors seulement la réalité médiatisée de ces galeries de portraits singuliers qui ne sont finalement exemplaires que d'eux-mêmes.

C'est sans doute ce type de pensée du courage qui fait le plus sens pour l'homme de la rue, celle qui ne cesse d'être véhiculée et valorisée. À rebours de la critique que Hume fait du courage comme musée de figures sur-égoïstes dans des cités incultes comme Athènes, une pensée de l'acte courageux continue à faire écho à ces formes héroïques antiques du

courage en les traduisant par exemple en termes de
« gestes excessifs », singuliers mais porteurs d'un
horizon infini, gestes généreux posés par des hommes d'exception, qui interpellent le commun des
mortels, qui jouent comme figures emblématiques
ou « exemples », comme chez Paul Ricoeur[1]. Ricoeur
fait ainsi le pari qu'un geste singulier, profondément
symbolique, peut, comme par une onde d'irradiation, initier un mouvement qui touchera d'autres et
qui pourrait dès lors participer à une régénération
du mieux-vivre ensemble, à une transformation du
fatalisme en espérance[2] :

1. Ricoeur a ainsi évoqué différentes figures comme celle de
l'homme non-violent dans *Histoire et vérité*, l'engagement de
saint François ou de Martin Luther King dans *Amour et justice*,
ou plus récemment, la demande de pardon d'hommes d'État
comme Willy Brandt s'agenouillant à Varsovie au pied du mo-
nument des victimes de la Shoah dans *La Mémoire, l'histoire,
l'oubli* et dans *Parcours de la reconnaissance*.

2. Sur cette question, nous renvoyons aux travaux de A. Loute,
*La Création sociale des normes. De la socio-économie des conven-
tions à la philosophie de Paul Ricoeur*, Hildesheim, Olms, 2008,
p. 271-282 ; *id.*, « La créativité normative chez Paul Ricoeur »,
in M. Maesschalck (dir.), *Éthique et gouvernance. Les enjeux
actuels d'une philosophie des normes*, Hildesheim, Olms, 2009,
p. 37-61, et en particulier : *id.* « La logique excessive du geste
courageux : une force de création sociale ? Réflexions à partir

« De tels gestes [...] ne peuvent faire institution mais, en portant au jour les limites de la justice d'équivalence et en ouvrant un espace d'espérance à l'horizon de la politique et du droit au plan post-national et international, ces gestes déclenchent une onde d'irradiation et d'irrigation qui, de façon secrète et détournée, contribue à l'avancée de l'histoire vers des états de paix[1]. »

De manière moins spectaculaire et moins liée à l'exception, il reste encore aujourd'hui trace d'une philosophie de la vertu véhiculant une conception morale du courage. Cette morale du courage est comme toute morale profondément individualisante dans ses principes, elle se dit dans des termes psychologisants[2] et développe une conception proche de ce rapport à soi qui domine la vision chrétienne du courage. Ce rapport qui met l'homme face à lui-même n'est cependant plus conçu dans le cadre d'une morale négative, mais hérite d'une modernité

de Paul Ricoeur », in *Dissensus. Revue de philosophie politique de l'Université de Liège* (http://popups.ulg.ac.be/dissensus/), 2009, n° 2 : Dossier « Figures de courage politique dans la philosophie moderne et contemporaine », p. 166-177.

1. P. Ricoeur, *Parcours de la reconnaissance, Trois études*, Paris, Stock, 2004, p. 354.

2. On verra, par exemple, V. Jankélévitch, *TDV, op. cit.* ; E. Forti, *L'Émotion, la volonté et le courage,* Paris, Puf, 1952 ; G. Gusdorf, *La Vertu de la force*, Paris, 1967.

rendant l'« homme capable », du sein même de la reconnaissance de sa finitude, de « risquer le tout pour le
tout », comme le souligne Jankélévitch[1]. L'homme rationnel moderne est capable de mesurer le danger ; il
« admet le risque à cause de la valeur à atteindre »[2]. La
conception morale contemporaine, reprenant donc la
dimension intériorisante des chrétiens, en aurait éva-
cué l'aspect de « résignation » pour rendre au courage
son caractère de spontanéité et d'élan, s'attestant dans
un vouloir qui doit s'exprimer dans l'effectivité des actes
courageux. Cette conception morale rend alors sa place
au courage comme « vertu des vertus », vertu capitale,
« condition de réalisation des autres vertus »[3].

Ce sont précisément ces conceptions, tout à la
fois héroïques et méritantes ou méritoires du courage, qui sont de retour dans les discours actuels et
qui ne cessent d'être valorisées : celle de l'homme,
individu singulier, qui surmonte ses peurs et qui est
capable de se mettre consciemment en risque pour
une cause qui le dépasse et dont il deviendra l'em-
blème ; celle – tout aussi héroïque – de l'homme
capable de se surpasser en alimentant ainsi le « culte

1. V. Jankélévitch, *TDV, op. cit.*, p. 383.
2. E. Forti, *L'Émotion, la volonté et le courage*, p. 215-216.
3. V. Jankélévitch, *TDV, op. cit.*, p. 406.

de la performance »[1] qui fait de nos champions sportifs des modèles exemplaires. Dans la même veine, on trouve la figure du « sauveteur », être singulier qui risque sa vie pour en sauver d'autres.

Enfin, de manière cependant plus diffuse, une forme de courage se dégage encore des schèmes contemporains dominants : le courage nécessaire à tout individu, atome de la société, à qui l'on a octroyé formellement l'égalité et dont on attend fermement qu'il réponde de lui-même, de ses échecs et réussites, qui se voit confier le devoir d'assumer et de s'assumer, de faire partie de « ceux qui se lèvent tôt », de gérer sa vie comme un chef d'entreprise ou comme un artiste. Que l'autonomie soit devenue une norme ou une valeur permanente repose sur la conception d'un individu capable de se déterminer, enjoint d'agir, qui ne devra en dernier ressort sa destinée et son épanouissement qu'à lui-même[2]. C'est sous le concept

1. Cf. A. Ehrenberg, *Le Culte de la performance*, Paris, Calmann-Lévy, 1991.
2. Cf. A. Ehrenberg, *L'Individu incertain*, Paris, Calmann-Lévy, 1995, p. 19 : « Le "nouvel" individualisme signale moins un repli généralisé sur la vie privée que la montée de la norme d'autonomie : se comporter en individu signifie décider de sa propre autorité pour agir par soi-même, avec les libertés, les contraintes et les inquiétudes qu'une telle posture implique. »

de responsabilité que se dit aujourd'hui cette vertu de l'affirmation de soi comme intention, décision, action, maîtrise et endurance. C'est la morale ambiante, le langage politique commun, qui a investi nos espaces publics et privés, les modes de régulation de nos sociétés complexes mais aussi le prêt-à-penser dont nous inondent les mass media, la société des loisirs ou l'industrie culturelle. C'est aussi à un renforcement de ce discours de la responsabilité qu'œuvrent de nombreux dispositifs censés contrecarrer les nouvelles souffrances que cette responsabilisation engendre. Le phénomène croissant du coaching et les dynamiques plus institutionnelles d'*empowerment* renforcent le présupposé selon lequel on peut classer les individus comme « compétents » ou « incompétents » et qu'il suffirait de doter ceux que l'on considère comme incompétents de quelques outils pour qu'ils activent des compétences présupposées chez tout homme.

S'il y a bien un concept aujourd'hui prégnant, c'est donc celui de responsabilité – ou de responsabilisation – et il se décline dans tous les domaines : de la responsabilité sociale des entreprises (et donc de cette image de l'entrepreneur devenant sujet moral) à la responsabilisation individuelle du chômeur ou à la

contractualisation de l'aide sociale et de l'apprentis-
sage scolaire. S'il y a une façon de faire appel à la
vertu individuelle aujourd'hui, c'est donc sous ce
vocable-là. Toute la question est de mesurer plus fi-
nement les implications de l'ultra-présence de cette
notion.

À l'autre extrême du sens fort et partagé de la
responsabilité comme dimension strictement morale, ancrée dans l'intention et la volonté d'un sujet
autonome et souverain, on assiste aussi à une dilution du concept dans une espèce de « responsabilité
qui s'impose » dans le cadre de ce que nous pourrions nommer l'« ère du rapport ». La nécessité de
faire rapport imbibe nos sociétés ; la dynamique de
reporting s'inscrit partout : dans le monde du travail, les universités, mais aussi au cœur d'enjeux
sociaux essentiels tels que le chômage, puisque c'est
désormais au chômeur d'attester de son activité de
recherche d'emploi. Les « rapports », « comptes rendus », « procès-verbaux » sont devenus des objets
communs. Il est capital de réfléchir aux changements
que ces nouveaux objets impliquent en termes de
normativité et de responsabilité. En effet, même sans
intentionnalité, ce faire-rapport engage ; il respon-
sabilise d'une façon particulière, qui amplifie encore

la présence de la responsabilité dans les arènes publiques et privées.

Dans ce cadre *sans* cadre, puisqu'aucune règle véritablement commune n'est proposée, dans ce cadre où les individus sont mis devant des appels incessants à la responsabilité qui les amènent à se mesurer eux-mêmes et devant des exemples de courage qui ne sont eux aussi exemplaires que d'eux-mêmes, on voit combien cette vertu, dans ce qu'elle a de résolument indéfini, devient le support d'une pure injonction, sans réel objet. De cette dernière, la principale qualité est d'induire de la part des individus ou des groupes pensés comme des individus une dynamique d'auto-évaluation de chaque acte, chaque geste, chaque comportement. Dès l'introduction, nous avions souligné combien ceci était révélateur d'un paradoxe situé au cœur du gouvernement néolibéral : gouverner tous les comportements sans jamais instaurer pour autant un cadre, une suite de règles ou de principes, lesquels pourraient être alors l'objet d'une hypothèse, et donc d'un débat et d'une remise en question, lesquels surtout laisseraient ouverte la possibilité d'une déresponsabilisation en ce que tout cadre, toute règle, tout principe, expriment aussi toujours la possibilité d'une limite et d'un contexte. Ceci est plus encore révélateur des effets recherchés par ce type de gouvernement : tout acte, tout comportement, et même tout sens et tout enjeu moral, peuvent devenir comme tels l'objet d'une délibération et d'un choix « rationnel » (puisqu'aucun cadre n'est présupposé), et donc, une fois segmenté de la sorte, d'un véritable marché, d'une pesée en termes de coût et bénéfice. C'est à ce titre qu'on peut alors parler du courage comme de la vertu de l'*exemplaire*, avec l'extrême singularité et l'extrême répétitivité que le sens de ce terme comporte tour à tour. En effet, la mise en avant du courage comme vertu suprême qui ne se dit qu'au travers d'exemples singuliers et incommensurables, tout autant que l'appel incessant à une entière responsabilité des personnes face à chacun de leurs actes, ne permettent-ils pas une réconciliation de ces deux manières de discipliner les comportements jusqu'ici toujours restés distinctes : l'individualisation et la sérialisation ?

Il faut souligner un double paradoxe interne à cette situation. Le premier paradoxe est lié au fait que cette perspective produit un ramassement de la question de la capacité du courage sur la possibilité du courage[1].

---

1. Sur cette question, nous sommes redevables à l'étude fort intéressante de R. Gély, « Du courage de mourir au courage de vivre : quels enjeux politiques ? Introduction à une phénoménologie

Les discours et dispositifs contemporains mettent les individus face à une injonction au courage : « Vous devez être courageux » qui suppose formellement la possibilité qu'ils puissent l'être. Cependant, cette approche en reste uniquement à une possibilité *formelle*, renforcée d'ailleurs par la valorisation des « héros moraux », exemples de courage ; elle n'interroge dès lors nullement la capacité *réelle* des individus, dans un contexte donné, à développer de telles dispositions face à la vie. Tout se passe comme si la possibilité formelle impliquait automatiquement une capacité réelle. Une telle présupposition ne peut manquer d'alourdir plus encore le poids de la responsabilité, engendrant une culpabilisation chez ceux qui ne parviennent pas à transformer leur possibilité en capacités et de nouvelles formes de mépris social par rapport à ces individus épinglés comme manquant de courage. Remettre en cause l'identification de la capacité réelle à la possibilité formelle conduit à interroger de manière radicale notre conception d'un sujet libre formellement ou en droit, pour faire droit

radicale du courage », in *Dissensus. Revue de philosophie politique de l'Université de Liège* (http://popups.ulg.ac.be/dissensus/), n° 2, 2009 : Dossier « Figures du courage politique dans la philosophie moderne et contemporaine », p. 116-145.

aux conditions sociales et politiques – et donc collectives – de « capacitation ». Il semble dès lors important, voire urgent, de mettre notre conception classique d'un courage individuel en perspective, voire en retrait, en ouvrant la réflexion sur la dimension collective et anonyme du courage dans le champ de la pensée contemporaine. Cette conception a déjà été mise en évidence chez Machiavel ; elle s'ancre dans une tradition républicaine d'« actes sans auteurs » poursuivie par Arendt (chapitre 3). La nécessité de passer d'un cadre moral, voire « moralisateur » du courage, centré sur l'individu, à la dimension proprement collective du courage peut aussi être développée, dans un tout autre sens que celui d'Arendt, en s'arrêtant sur la dimension actancielle du courage telle qu'articulée à ses conditions de possibilités sociales : c'est la voie ouverte par l'approche pragmatiste d'un auteur comme John Dewey (chapitre 4).

Le second paradoxe interne à cette valorisation de la dimension individuelle et exemplaire du courage est lié à la persistance de cette norme d'autonomie dans une société qui est pourtant tout aussi radicalement attachée à définir les conditions d'*impossibilité* de l'autonomie. Dans nos sociétés complexes, qualifiées de sociétés du risque ou de la précaution[1], ce n'est plus tant d'autonomie, de souveraineté et d'action rationnelle qu'il est question – comme dans l'Antiquité –, c'est bien plutôt le concept d'incertitude qui s'est progressivement imposé comme une catégorie incontournable pour penser l'action humaine. Que l'on songe à l'émergence d'une technosphère régissant des nouvelles possibilités de croissance, à l'argument écologique, à l'ordre international en mutation, mais aussi à l'expérience des camps et des totalitarismes – et donc à l'expérience de la massification et de la sérialité des individus – : c'est bien par le prisme de la fragilité, de l'incertitude, voire de l'impuissance, que l'on peut lire l'action humaine aujourd'hui et non plus du point de vue d'un projet autonome de maîtrise. Cette finitude humaine nous invite alors à réinterroger le courage et à mesurer ce qu'il peut encore nous dire lorsqu'il est ainsi articulé au cadre de la société du risque.

1. Cf. par exemple U. Beck, *La Société du risque, Sur la voie d'une autre modernité* (1986), trad. L. Bernardi, Paris, Aubier, 2001 ; O. Godard (dir.), *Le Principe de précaution dans la conduite des affaires humaines*, Paris, Éditions de la Maison des Sciences de l'Homme/Éditions de l'INRA, 1997 ; M. Callon, P. Lascoumes et Y. Barthe, *Agir dans un monde incertain, Essai sur la démocratie technique,* Paris, Seuil, 2001.

b. *Risque, fragilité, incertitude*

Du point de vue des risques inhérents à la société, le passage des sociétés pré-industrielles à l'ère industrielle constitue une première rupture. Par l'idéologie du progrès qui œuvre en son sein, la société industrielle se développe comme maîtrise. Les dangers et fléaux des sociétés pré-modernes, toujours considérés comme extérieurs au social, laissent place à des risques qui émanent de la société humaine, de son activité, en particulier des nouveaux modes de production qui y œuvrent. Dans le même temps, l'anticipation des risques et les remparts pour s'en prémunir sont aussi élaborés par une société qui se donne pour modèle le contrôle et le calcul. Les risques font d'une certaine façon partie intégrante du processus de progrès, au sens où ils s'y intègrent sans poser de problèmes majeurs, mais aussi où ils deviennent le moteur d'un processus relancé par l'appel au dépassement.

La période contemporaine invite à introduire une seconde rupture, liée, pour un certain nombre d'auteurs, à l'apparition de la bombe atomique. Dans le prologue à *La Condition de l'homme moderne*, Arendt invite ainsi à repérer l'ouverture de ce qu'elle nomme l'ère du monde « moderne », et qui correspond à la possibilité pour l'homme de détruire sa propre espèce : « politiquement, le monde moderne dans lequel nous vivons est né avec les premières explosions atomiques »[1]. Arendt peut être vue ici comme le porte-parole des inquiétudes d'une époque réveillée par la question de la bombe atomique et marquée d'un nouveau scepticisme face aux déstructurations et effets dévastateurs qui peuvent accompagner la technoscience[2]. Loin de nous ouvrir un âge d'or, comme elle en avait pourtant formulé l'espoir, la culture scientifique apparaît comme possibilité d'apocalypse, dans la mouvance du mythe de l'apprenti sorcier. L'homme s'y voit dépossédé de son statut par une technique de plus en plus modélisatrice du monde. C'est ce qu'illustre aussi une autre caractéristique du processus technoscientifique : sa dynamique d'autonomisation croissante, voire son auto-finalisme. Cette dynamique

1. H. Arendt, *CHM*, *op. cit.*, p. 39.
2. Sur cette problématique, on verra par exemple l'ouvrage majeur de J. Ladrière, *Les Enjeux de la rationalité. Le défi de la science et de la technologie aux cultures*, Paris, Aubier-Montaigne/Unesco, 1977. Des auteurs comme Günther Anders, le premier mari d'Arendt, ou Karl Jaspers sont aussi marqués par la question atomique.

ouvre la porte à l'automatisation, libérant certes l'homme de certaines chaînes, comme celles du travail, mais créant de la sorte à la fois des conditions sociales inédites, comme, par exemple, « une société de travailleurs sans travail » pour reprendre les craintes d'Arendt, mais aussi un processus de fuite en avant. Ce processus devenu autonome est dénoncé par Ellul[1] et, plus récemment, par Jonas[2] ou Dupuy[3], relayant aussi tout un imaginaire qui tend à exprimer cette dépossession de l'homme, comme dans le *Brave New World* de Aldous Huxley ou *1984* de Georges Orwell.

Dans ce contexte, il est capital de réfléchir aux enjeux sociaux et politiques d'une telle rupture – ainsi que Beck l'a fait dans *La Société du risque*. Par rapport à la société industrielle, la spécificité de notre société est de faire face à de « nouveaux risques »[4] radicalement non-contrôlables, engendrés par la société elle-même : les catastrophes « ne font pas seulement

1. J. Ellul, *Le Système technicien*, Paris, Calmann-Lévy, 1977.
2. H. Jonas, *Le Principe responsabilité, Une éthique pour la civilisation technologique*, Paris, Cerf, 1990.
3. J.-P. Dupuy, *Pour un catastrophisme éclairé, Quand l'impossible est certain*, Paris, Seuil, 2002.
4. L'ouvrage *La Société du risque* date de 1986. Un exemple type de risque pris en compte par Beck est la catastrophe de Tchernobyl, en 1984.

qu'arriver à la société, elles arrivent en son sein, par son intermédiaire, à cause d'elle »[1]. Beck parle de catastrophes sociales. Ainsi, ce qui peut apparaître sous un certain angle comme catastrophes naturelles, crises écologiques ou changements climatiques, sont corrélativement appréhendables comme catastrophes proprement *sociales*, susceptibles d'engendrer des crises profondes de nos institutions de régulation et, surtout, manifestant des enjeux politiques et sociaux considérables[2]. Les mécanismes traditionnels de contrôle ne semblent plus capables de prévenir ces catastrophes. Sous la notion d'incontrôlabilité, liée à cette nouvelle forme de risque, Beck place aussi bien le fait que les causes des risques deviennent de plus en plus difficilement imputables – qui est responsable du réchauffement climatique, par exemple ? – que celui d'une réelle prise d'ampleur de certains risques. Les risques ont de moins en moins de frontières spatiales ou temporelles. C'est en ce sens que Beck parle de « société mondiale du risque », une société qui a la particularité d'impliquer tous les habitants de la planète

---

1. U. Beck, « La dynamique politique de la société mondiale du risque », draft, IDDRI, 2001, p. 6.
2. Cf. U. Beck, « La politique dans la société du risque », in *Revue du Mauss*, n° 17, 2001, p. 376-392.

dans des processus qui sont sans limites territoriales ou politiques[1]. On peut alors parler de « risques de système » ou d'« effets dominos » : une crise de grande ampleur touche tous les acteurs du système comme les dominos qui s'entraînent les uns après les autres dans leur chute. Les répercussions des risques ne sont plus délimitables ni spatialement, ni temporellement ; leurs conséquences sont en effet imprévisibles, des dommages invisibles au présent peuvent se révéler irrémédiables des années plus tard. De par cette non-anticipabilité et cette non-prévisibilité des nouveaux risques, la société du risque est empreinte d'une incertitude fondamentale.

La technoscience ne peut plus y faire face, « réparer », puisque, d'une part, le nouveau risque résiste au calcul d'anticipabilité, et que, d'autre part, il entraîne des conséquences qui dépassent largement le cadre de la science. Les experts ont tôt fait de mesurer et de calculer les conséquences factuelles de telle ou telle technologie, ils ne s'en limitent pas moins à

1. C'est collectivement que nous sommes confrontés à ces risques majeurs qui vont jusqu'à mettre en danger la survie de notre espèce et de la planète. C'est en ce sens que Beck peut aussi dire que le risque est démocratique, même s'il reste pour une large part inégalitaire.

ce seul point de vue, dans l'« abstraction des réalités et des conséquences sociales, politiques et culturelles des risques liés à la modernisation »[1] :

> « Les sciences telles qu'elles ont été conçues – avec leur répartition du travail ultra-spécialisée, leur appréhension des méthodes et de la théorie, leur absence totale de rapport à la *praxis* – se révèlent totalement incapables de réagir de façon adéquate aux risques liés à la civilisation, pour la bonne raison qu'elles participent activement à leur naissance et à leur développement[2]. »

Ainsi, l'on est conduit à constater que « la science devient de plus en plus nécessaire, mais de moins en moins suffisante »[3].

La société contemporaine, à travers cette figure de société du risque, ne remet pas seulement en question la science – et toute l'idéologie de maîtrise qu'elle véhicule ; elle questionne aussi le collectif dans ses modes de régulation traditionnels. Tant les nouveaux risques que la dynamique d'autonomisation interrogent fondamentalement la normativité politique, qui n'a bien souvent plus la capacité de faire face à des

1. U. Beck, *La Société du risque, op. cit.* p. 44.
2. *Ibid.*, p. 107.
3. *Ibid.*, p. 344-345.

enjeux de cet ordre[1]. En faisant le procès d'une politique qui, en régime technocratique ou d'expertise, prendrait une figure de plus en plus a-politique, Beck veut souligner qu'il y a bien là un enjeu fondamental pour le vivre-ensemble, pour le type de société que nous souhaitons. Interroger le risque depuis sa dimension sociale, c'est aussi mettre en perspective son pouvoir de transformation des figures du champ social et culturel et des médiations de la vie collective : nouvelles vulnérabilités et fractures sociales, nouveaux rapports sociaux, nouveaux types d'organisation sociale, nouvelles « cultures intermédiaires ». On assiste alors à la

---

1. À titre d'exemple de la crise du niveau politique, on peut renvoyer à l'analyse que Beck propose du terrorisme international, qui peut être vu comme un de ces « nouveaux risques » car présentant des caractéristiques telles que la non-prévisibilité, la non-localisation (mise en réseaux), l'occurrence transnationale, la mobilisation des progrès technologiques, etc. Selon Beck, par rapport à ce problème, « la société mondiale du risque est forcée d'admettre que l'État-nation ne peut plus être à la hauteur des promesses qui sont inscrites dans sa Constitution, à savoir garantir à chaque citoyen le bien le plus précieux, sa sécurité » (U. Beck, « La dynamique politique dans la société mondiale du risque », *op. cit.*, p. 18). Notons qu'en soi, le terrorisme n'est pas réellement un nouveau risque, mais que les événements du 11 septembre 2001 ont engendré un effet de résonance tout à fait considérable de ce phénomène dans la communauté internationale.

naissance d'autres types d'acteurs – experts, mais aussi société civile, médias, opinion publique, « riverains », tribunaux… – prenant leur part d'influence dans le débat lié à la gestion et à la régulation de ces risques, mais aussi à ce qu'ils représentent du point de vue des changements sociaux qu'ils portent en germe. Ce que Beck met là en évidence, c'est que cette évolution n'est pas seulement source de crainte, d'incertitude et d'impuissance, mais qu'elle génère aussi de la réflexivité sociale : elle suscite à la fois des modes alternatifs de régulation et des possibilités de renouvellement des modes de gouvernance politique traditionnels :

> « Lors de la phase de la société du risque, la reconnaissance de l'incalculabilité des dangers provoqués par le développement industriel technique contraint à l'autoréflexion sur les bases de la cohésion sociale ainsi qu'à la vérification des conventions en vigueur et des fondements de la «rationalité». La société qui se conçoit comme étant à risque devient réflexive (au sens strict du terme), c'est-à-dire qu'elle se fait d'elle-même un sujet et un problème[1]. »

1. U. Beck, « D'une théorie critique de la société vers la théorie d'une auto-critique sociale », in *Déviance et Société*, vol. n° 18 (1994/3), p. 333-344, p. 337.

Cette notion de réflexivité renvoie à deux ordres. Elle réfère d'abord à ce qui est de l'ordre d'une auto-confrontation non volontaire. Sans qu'il soit besoin de les chercher explicitement et d'en rendre compte par une approche analytique ou compréhensive, la société contemporaine est mise face aux effets secondaires de ce que sa dynamique a elle-même produits, elle en reçoit comme un effet boomerang, sur un mode en quelque sorte mécanique. Les risques ont pour effet de mettre la société face à la *crise qu'elle a elle-même engendrée*, et donc de la mettre en situation de *déstabilisation* par rapport à ses fondements et certitudes, mais aussi par rapport à sa survie. À cette dimension d'auto-confrontation, s'ajoute alors une dimension plus propre d'auto-réflexion, qui, chez Beck, prend la signification d'une mise en mouvement réflexive de nos systèmes sociaux qui doivent mettre en œuvre de nouvelles stratégies collectives pour répondre à la situation de crise. Ainsi, le feed-back réflexif peut être à l'origine d'une reconfiguration des orientations normatives des acteurs et institutions. La société, mise en face de ses produits dans l'auto-confrontation, générerait d'elle-même – de manière quasi-automatique et spontanée – de nouveaux espaces de réflexivité. Face aux risques, émergent en effet des débats, des conflits, mais aussi de nouveaux acteurs comme déjà évoqué.

C'est à partir d'une telle vision d'un réel techno-cratique empreint d'une radicale incertitude et por-teur de nouvelles fragilités qu'il faut questionner le courage aujourd'hui. Nous formulons l'hypothèse que si le courage a encore quelque chose à nous dire en cette époque présente, et s'il a à nous dire quelque chose de neuf même, ce n'est pas tant dans sa con-ception commune de courage individuel et héroïque qu'en se positionnant résolument par rapport à ce contexte d'incertitude et de fragilité à tous les niveaux. Comment répondre à l'incertitude ? Telle est la ques-tion qui met en jeu le courage dans son actualité, au sein même de la recherche de réponses à ce contexte qui déstabilise non seulement toute conception indi-viduelle de la responsabilité et du sujet souverain, mais aussi l'idée même de l'action libre.

Un premier pas (chapitre 2) sera effectué avec Hans Jonas, qui, dans ce contexte très précis de risque et d'incertitude liés au progrès technoscientifique, invite à formuler une réponse éthique, dont les termes visent à élargir le champ de l'éthicité de l'action à la vie en tant que telle, dans sa fragilité ou vulnérabilité.

Jonas développe une conception renouvelée de la responsabilité et nous permet ainsi d'interroger à nouveaux frais le courage en lien avec la possibilité du libre arbitre et de la décision dans un contexte que nous avons décrit comme cadrant aussi l'impuissance de la liberté.

Face à cette forme spécifique de courage, qui se dit en termes de préservation de la vie et qui passe par la persistance d'un cadre moral dans un tel registre d'incertitude, nous choisissons de mettre en évidence deux autres réponses importantes à la question du courage en contexte d'incertitude et de fragilité de l'action, lorsque l'on ne pose plus cette action dans un cadre moral. D'une part, nous faisons appel à Arendt pour déplacer la question du courage vers sa sphère exclusivement politique (chapitre 3). D'autre part, et en lien plus direct aux analyses de Beck qui, même s'il ne parle pas de courage, ouvre vers une créativité collective, portée par une multiplicité d'acteurs, ordinaires et non-ordinaires, nous faisons appel au pragmatisme de John Dewey pour déplacer le courage vers sa sphère spécifiquement sociale comprise comme processus dynamique et réflexif de transformation, processus provoqué par le choc d'une déstabilisation contextuelle dans laquelle nous a tous fait rentrer la société du risque (chapitre 4).

Pour Arendt déjà, l'action n'accepte pas les frontières et manifeste une « tendance inhérente à forcer toutes les limitations, à franchir toutes les bornes »[1] ; elle est intrinsèquement imprévisible, sa rencontre avec le monde lui faisant porter des conséquences toujours plus éloignées de l'action inaugurale et des intentions initiales de l'agent. Dans un contexte cosmopolitique d'interdépendances en extension croissante, seule une gestion socialisée des risques s'avère possible, c'est-à-dire une responsabilité qui ne peut se dire que collectivement, politiquement pour Arendt. Mais ce contexte, déjà investi par une réflexion sur la nécessité d'une conception collective de la responsabilité, nous inviterait aussi à réfléchir les conditions plus proprement sociales du courage, en lien avec une réflexion sur les conditions absolument inaugurales d'accroissement du pouvoir des acteurs individuels et collectifs à prendre leur destin en main en contexte d'incertitude. Nous faisons ainsi l'hypothèse qu'en montrant, à partir de Arendt, l'impossibilité de réduire la dimension politique du courage à une injonction, c'est en faisant le pari de l'intelligence collective, avec le mouvement pragmatiste, que le

1. H. Arendt, *CHM*, *op. cit.*, p. 249.

courage pourra se révéler comme forme d'ouverture aux possibles pour la construction de nouvelles formes de vie en commun.

En traversant ces trois auteurs, c'est aussi à la condition très contemporaine de la *fragilité* que nous sommes renvoyés. Risque et fragilité se déclinent différemment chez Jonas, Arendt et Dewey, et dessinent alors trois sens possibles du courage : *fragilité dans sa dimension naturelle* chez Jonas, quand il lie le courage à la précaution face à la vie ; *fragilité du monde commun ou du politique* chez Arendt, quand le courage de l'initiative se lie dans la promesse d'assumer collectivement les conséquences des actes posés, malgré l'imprévisibilité inhérente à la praxis ; *fragilité des acquis et des liens sociaux* chez Dewey, quand le courage est ancré dans la possibilité de l'expérimentation de notre pouvoir collégial de transmuer l'émotion de la déstabilisation en construction de nouvelles formes de vie.

De la vie naturelle à la vie éthique, il nous a ainsi semblé utile de prendre la chronologie à rebours pour amener graduellement le courage vers un sens plus profond, qui rencontre toujours plus les urgences de notre monde contemporain. Le courage, dans son sens pragmatiste, compris comme réponse collective, située, à la question du possible délitement du lien social, nous semble résolument une de ces ressources importantes de la pensée contemporaine pour approcher de manière critique la conception commune et individualiste du courage. Cette attitude critique investit Dewey jusqu'à la redéfinition même de la posture du philosophe, inscrivant aussi celle-ci dans la mouvance du courage : le courage d'une pensée qui ose nouer avec son temps.

2. Le courage comme heuristique de la peur : Hans Jonas

*F*ACE À UNE TELLE FIGURE de la société qui se lit sous les catégories de risque, d'incertitude et d'indétermination, comment parler de courage ? Qu'est-ce qu'être courageux dans ce contexte qui semble reléguer la maîtrise à l'Antiquité ou à la Modernité cartésienne ? Qu'est-ce qu'agir de manière courageuse lorsque la décision ne peut plus être ramenée à la certitude d'une connaissance ou d'une expertise ?

Une première réponse peut être trouvée dans l'éthique que développe H. Jonas dans son ouvrage majeur de 1979, *Le Principe responsabilité, une éthique pour la civilisation technologique*[1]. Cet ouvrage, comme son titre l'indique, vise à développer une éthique qui puisse répondre aux enjeux de notre temps et se concevoir de manière élargie face aux nouveaux pouvoirs dont la technoscience a doté l'homme. L'éthique de Jonas permet alors d'interroger le courage selon deux questions essentielles dans ce contexte contemporain. D'une part, développant une pensée précisément éthique, Jonas mise sur le concept de responsabilité. Or, s'il s'agit bien d'octroyer à ce concept moral une nouvelle compréhension, il reste que cette notion de responsabilité continue globalement d'être comprise comme appartenant à un acteur moral, cette responsabilité étant approchée sous l'angle des finalités, au sens où celle-ci se lie, en amont, à un « sens » de la responsabilité de type prudentiel qui viserait, en aval, une finalité bonne. Dans cette optique, le courage pourrait donc continuer à apparaître comme celui d'un sujet, et animer

1. Publié en 1979 dans sa version originale : *Das Prinzip Verantwortung, Versuch einer Ethik für die technologische Zivilisation*, trad. J. Greisch : *Le Principe responsabilité, Une éthique pour la civilisation technologique*, Paris, Éditions du Cerf, 1990. Le titre a été choisi en réplique au *Principe Espérance* de Ernst Bloch. Par la suite, cité *PR*.

l'action, et ce, même dans un cadre où l'action peut être fondamentalement déstabilisée par une radicale indétermination. L'action peut ainsi continuer à s'inscrire dans un cadre prescriptif, pourvoyant des maximes à suivre en vue d'une fin. La première question est alors de savoir comment une telle notion de courage appartenant au sujet moral, autonome, capable de réflexion rationnelle et de décision, peut encore se décliner dans un contexte où c'est la catégorie d'incertitude qui fait sens. Une deuxième interrogation à partir de la pensée de Jonas permet, d'autre part, de mettre en perspective la tension dialectique évidente entre courage et peur. La capacité à surmonter la peur, à prendre des risques, lie généralement le courage à une temporalité de l'action plutôt que de la seule circonspection. Jonas met en question cette évidence : face à la menace d'un possible anéantissement de la vie lié au progrès, c'est la peur qui doit mobiliser la responsabilité et le courage, ce dernier se liant dès lors à une obligation de prudence, d'anticipation précautionneuse visant la préservation de la vie et, loin de la prise de risque, l'annihilation de celui-ci : il faut cesser de risquer l'avenir de notre humanité.

« L'agir collectif-cumulatif-technologique est d'un type nouveau par ses objets et son ampleur et par […] ses effets[1]. »

Il nous met face à une obligation nouvelle. Nous ne pouvons, par notre action, compromettre la survie de l'humanité ; nous sommes dans l'obligation de ménager une possibilité de vie libre, authentique, à l'avenir.

a. Autoproduction de la vulnérabilité et nouvelle responsabilité

« Agis de façon que les effets de ton action soient compatibles avec la permanence d'une vie authentiquement humaine sur terre[2]. »

L'œuvre de Jonas s'ancre dans cette lignée de réflexions qui signent la fin du triomphalisme du progrès : l'âge de la technoscience devrait susciter davantage la crainte que l'enthousiasme. Pour une part, cette crainte est fondée sur les nouveaux pouvoirs de l'homme, à savoir non seulement cette capacité nouvelle de transformer le vivant, de substituer l'artificiel au naturel – organismes génétiquement modifiés, clonage, conséquences irréversibles de l'activité humaine sur l'épuisement des ressources

1. H. Jonas, *PR, op. cit.*, p. 46.
2. *Ibid*, p. 30.

naturelles ou sur les changements climatiques – mais aussi cette capacité radicale de détruire le vivant – la bombe atomique est ici l'expérience-phare qui donne à réfléchir. L'activité humaine est donc devenue génératrice de risques rendant l'espèce humaine vulnérable à elle-même. Mais, pour une autre part – et ceci est important pour notre réflexion –, cette crainte est aussi fondée sur le caractère spécifiquement contemporain de la technoscience, son aspect d'irréversibilité conjoint à une dynamique proprement cumulative et en autonomisation croissante. Générant sans cesse des effets qui la poussent dans le sens d'un auto-accroissement, la technoscience semble acquérir une force propre qui nous échappe de plus en plus et qui questionne donc le libre arbitre de l'homme :

> « Alors que le premier pas relève de notre liberté, écrit Jonas, nous sommes esclaves du second et de tous ceux qui suivent[1]. »

Jonas ne remet certes pas en question la technique en tant que telle et ne prône pas non plus un retour en arrière ; il accorde d'ailleurs au phénomène technique une valeur intrinsèque. C'est dans l'usage illimité et non-réfléchi que nous en faisons que réside le danger.

1. H. Jonas, *PR*, *op. cit.*, p. 56.

Cette « transformation de la nature de l'agir humain rend [...] nécessaire une transformation de l'éthique »[1]. Il est aujourd'hui nécessaire de réformer le concept traditionnel de responsabilité et de l'élargir de manière telle à ce que puisse s'ouvrir une éthique de la vie en tant que telle, c'est-à-dire dans sa généralité. L'éthique traditionnelle ne concernait que les rapports intersubjectifs ainsi que le rapport à soi-même ; elle était fondée sur la reconnaissance d'une différence anthropologique et sur une dimension de réciprocité. Par ailleurs, elle ne se déclinait qu'au présent, « ciblée sur ce cercle rapproché de l'agir »[2], ou avec un sens rétroactif lié à sa dimension constitutive d'imputabilité. Au sens classique, en effet, l'agent ne peut être reconnu responsable que de ce qu'il a commis et des conséquences immédiates de son acte. Cette éthique moderne s'inscrit principiellement dans le pouvoir d'initier un commencement, de causer. En ce sens, cette responsabilité traditionnelle ne peut pas être engagée pour un avenir

1. H. Jonas, *PR, op. cit.*, p. 17.
2. *Ibid.*, p. 22. « L'univers moral se compose de contemporains et son horizon d'avenir se limite à leur durée de vie prévisible. Il en va de même de l'horizon spatial du lieu dans lequel l'acteur et l'autre se rencontrent comme voisins, comme amis ou ennemis, [...]. Toute moralité était ciblée sur ce cercle rapproché de l'agir. »

indéterminé, un hypothétique destin, même si celui-ci résultait d'une modification de la situation dans laquelle elle a agi. Si cette conception traditionnelle reste valable pour envisager les relations interhumaines, Jonas nous invite à un changement de paradigme qui nous impose d'actualiser le sens du concept de responsabilité en nous rendant responsable « de tout et de tous », pour reprendre les mots de Ricoeur[1].

Ce qu'il s'agit de développer face à l'indétermination de nos actions, c'est une responsabilité excessive et résolument asymétrique. Nous sommes enjoints d'être responsables de l'avenir de l'humanité et non d'un futur proche mais d'un futur indéfini, illimité[2]. Dans une totale non-réciprocité, le futur nous oblige. Et cette responsabilité contemporaine nous requiert avec excès : elle s'exerce non seulement vis-à-vis de nos prochains et de nos contemporains mais aussi à l'égard de la nature dans son ensemble, de la vie et des générations futures. Ce n'est donc plus tant une responsabilité liée à l'imputabilité qui nous incombe

---

1. P. Ricoeur, « Le concept de responsabilité. Essai d'analyse sémantique », in *Esprit*, 1994/11, p. 28-48, p. 29.
2. Cf. H. Jonas, *PR, op. cit.*, p. 37 : « C'est l'avenir indéterminé, bien plus que l'espace contemporain de l'action, qui fournit l'horizon pertinent de la responsabilité. »

– je suis responsable *de* mes actes, *de* mes comportements et *de* leurs conséquences immédiates –, mais une responsabilité « pour », où le devoir-être de l'objet précède le devoir-faire du sujet. La responsabilité est

> « [ce] concept en vertu duquel je me sens donc responsable non en premier lieu de mon comportement et de ses conséquences, mais de la *chose* qui revendique mon agir »[1].

Il s'agit donc de prendre conscience de ce qui est à protéger, vulnérable et requiert notre protection. Ce devoir-être qui ouvre la responsabilité se fonde sur la vulnérabilité de l'être, selon le modèle de la responsabilité face au nourrisson.

b. *Courage et hyperbolique de la peur*

Mais comment se rendre conscient de ce qui pâtirait à l'avenir de nos actions présentes, alors même qu'il n'est plus possible, en contexte d'incertitude, de pouvoir en connaître les conséquences à long terme ? Face à la catégorie de risque, à l'impossibilité du calcul rationnel et à l'impossible maîtrise, Jonas invite à

1. H. Jonas, *PR*, *op. cit.*, p. 132.

entrer dans ce qu'il nomme une « heuristique de la peur » : une peur hyperbolique qui devrait nous affecter de manière telle à ouvrir en nous un *sentiment* de responsabilité et une *mobilisation* à l'action. C'est par l'imagination et la représentation que nous accéderons à cette peur morale. En contexte d'incertitude, nous sommes dans le devoir de nous représenter les effets lointains de nos décisions actuelles en imaginant les pires scénarios, en postulant la catastrophe, en prêtant l'oreille à la « prophétie de malheur »[1].

La peur dont il est ici question est une peur généralisée et méthodique. À ce titre, elle peut sembler renvoyer à cette crainte que les modernes avaient élevée au rang d'affect civilisateur, constitutif de la possibilité d'un contrat social qui fondait et rendait nécessaire l'État, par lequel seul cette crainte pourrait être dépassée. Chez Jonas, cependant, la peur ne doit surtout pas être la base de son propre dépassement : elle doit

---

1. H. Jonas, *PR, op. cit.*, p. 54. On trouve aussi une telle insistance à postuler le caractère inéluctable de la catastrophe dans J.-P. Dupuy, *Pour un catastrophisme éclairé, op. cit.*, cf. p. 213-214 : « Obtenir une image de l'avenir suffisamment catastrophiste pour être repoussante et suffisamment crédible pour déclencher les actions qui empêcheraient sa réalisation. »

plutôt être entretenue et soignée. S'il y a donc ici contrat social, il ne *fonde* rien et n'existe que parce qu'il se régénère constamment dans une peur qui doit être systématiquement recherchée, vécue. D'où le fait que la question du courage reste ouverte, là où chez Hobbes, le dépassement de la crainte généralisée dans l'artifice de l'État réclamait au contraire l'impossibilité de composer d'aucune manière avec cette crainte.

Le courage est ici d'accepter cette peur radicale et constante, et même de la rechercher. Il se lie à l'ordre de l'imagination et du sentiment. C'est le sentiment de crainte, provoqué par l'imagination du pire, qui ouvre la conscience morale et le désir d'action. Il ne s'agit donc pas de se laisser submerger par l'irrationalité d'un sentiment qui paralyse mais bien de choisir résolument ce sentiment, de le rechercher, de le travailler par l'imagination et la pensée, qui transmuent cette peur en une autre d'elle-même, en ce que nous appellerions une « courageuse peur » qui a perpétuellement à se maintenir dans un état de tension pour ouvrir tant à la circonspection qu'à l'action. On est finalement ici très proche d'Aristote, qui définit le courage en situation et précisément par les situations où l'on craint quelque chose : on ne doit pas appeler courage l'absence de crainte. Mais on peut craindre une multiplicité de maux comme l'infamie, la pauvreté, la maladie, la solitude, la mort[1]. Or, il y a, d'une part, les maux qu'il faut craindre, comme l'infamie – et celui qui ne s'en soucie pas n'est pas courageux (a 15) ; d'autre part, il y a les maux qu'il ne faut pas craindre comme la pauvreté ou la maladie, et celui qui ne les craint pas n'est appelé courageux que par ressemblance. Cette présence du déontique chez Aristote (de la distinction entre ce qu'« il faut » et ce qu'il « ne faut pas » craindre) implique aussi la nécessité d'un travail, rationnel et imaginatif, sur la crainte instinctive pour la moduler.

La peur généralisée, chez Jonas, est instructrice, heuristique : elle « dépiste le danger », elle découvre le vulnérable. Elle est aussi mobilisatrice :

> « La peur qui fait essentiellement partie de la responsabilité n'est pas celle qui déconseille d'agir, mais celle qui invite à agir ; cette peur que nous visons est la peur pour l'objet de la responsabilité[2]. »
> « Nous devons reconquérir [...] le positif à partir de la représentation du négatif : le respect devant ce que l'homme était et devant ce qu'il est, en reculant d'horreur devant ce qu'il pourrait devenir et dont la possibilité

1. Aristote, *EN*, III, 9, 1115a 10-11.
2. H. Jonas, *PR, op. cit.*, p. 300.

nous regarde fixement à partir de l'avenir que prévoit la pensée[1]. »

À travers la grande peur morale et mobilisatrice, le courage se lie donc non seulement au sentiment et à l'imagination, mais aussi à la prudence et la précaution, à cette circonspection indispensable à l'action juste. C'est alors une figure temporelle particulière qui se dessine : loin de l'impétuosité ou de la spontanéité, le courage rejoindrait ici cette infinie endurance dont nous parlaient les chrétiens.

Même si Jonas est conscient que ce qu'il s'agit de mettre en place est de l'ordre d'une prévoyance collective, son éthique reste pourtant prioritairement modelée dans le moule classique du sujet moral, doté de libre-arbitre. On retrouve la figure historiquement dominante du courage individuel : le sujet, responsable de tout et de tous, ne l'est que par ce rapport actif à soi qu'il instaure dans la recherche et le maintien de la peur. Le sentiment de responsabilité reste bien celui du soi, un « sentiment, écrit Jonas[2], de responsabilité affirmatif du soi actif, intervenant toujours déjà dans l'être des choses ».

1. H. Jonas, *PR, op. cit.*, p. 302.
2. *Ibid.*, p. 133.

Comme nous l'avons souligné, malgré le contexte d'incertitude dans lequel s'ancre aujourd'hui l'action, l'homme ne cesse donc pas de manifester sa liberté. L'élargissement que Jonas donne au concept de responsabilité, en la soustrayant aux conséquences directes et imputables, pour lui donner le sens nouveau qu'elle acquiert dans la dynamique d'un devenir illimité, renforce encore celle-ci ainsi que le pouvoir décisionnel qui l'accompagne. Il n'est pas tant exigé du sujet moral contemporain de se contraindre à respecter quelques normes ou valeurs, que de se constituer sujet libre et responsable dans le rapport à soi qu'ouvre cette « courageuse peur ». Pour Jonas, aujourd'hui, plus encore qu'hier, le pouvoir – et donc la responsabilité – sont spécifiquement liés au libre arbitre : chez l'homme,

> « le pouvoir est émancipé de l'ensemble par le savoir et par le libre arbitre. [...] Chez lui, et chez lui seul, le devoir se dégage donc du vouloir en tant qu'auto-contrôle de son pouvoir qui agit consciemment »[1].

Le courage tel qu'il se dessine dans cette première réponse à la société du risque est donc un courage mobilisé par un rapport précautionneux face à la vie

1. H. Jonas, *PR*, *op. cit.*, p. 179.

et ouvert par le caractère proprement fondateur de la peur. Il est de l'ordre d'un devoir du sujet moral et est ainsi une déclinaison supplémentaire de ce paradigme millénaire qui lie courage et forme subjective d'autonomie.

3. LE COURAGE DE SE MESURER AU MONDE : HANNAH ARENDT

POUR ARENDT, la société du risque n'instaure pas une peur pour la vie, mais une peur pour le monde et exige que nous réinterrogions les différents modes de l'activité humaine depuis la question de leur possible aliénation. C'est à partir d'un contexte où il devient de plus en plus difficile de parler d'un sujet autonome et souverain – et nous verrons qu'Arendt l'évacue pour de bon – que le courage sera redéfini par la nécessité politique. Profondément marquée par l'expérience des camps et des totalitarismes, Arendt considère que ce n'est pas tant la vie, au sens jonassien, qui est en danger que le monde lui-même, comme horizon du vivre-ensemble :

> « Le courage est indispensable parce que, en politique, ce n'est pas la vie mais le monde qui est en jeu[1]. »

Ainsi, alors que le courage est si souvent associé à un souci pour la vie, à la possibilité de perdre celle-ci dans la téméraire prise de risque, ou à la nécessité de la protéger, le propos d'Arendt prend résolument le contre-pied de cette version vitaliste ou prudentielle du courage, pour le ramener du côté d'un souci exclusif pour le monde et lui donner un caractère spécifiquement politique. Arendt lie le courage au sens profond du politique, allant même jusqu'à en faire une exigence interne :

> « Courage est un grand mot, et je n'entends pas par là l'audace de l'aventurier qui risque joyeusement sa vie pour être aussi profondément et joyeusement vivant que l'on peut l'être en face du danger et de la mort. La témérité n'est pas moins en rapport avec la vie que la lâcheté. Le courage que nous considérons encore comme indispensable à l'action politique [...] ne satisfait pas notre sens individuel de la vitalité, mais il est exigé de nous par la nature même du domaine public[2]. »

1. H. Arendt, « Qu'est-ce que la liberté ? », in *La Crise de la culture, op. cit.*, p. 203.
2. *Ibid.*, p. 202-203.

C'est donc plutôt dans le sillage de la *virtù* machiavélienne qu'il faut ici penser le courage, comme cette vertu politique par excellence, qui, à la différence de Machiavel cependant, n'appartient pas soit à tel ou tel homme d'exception, soit à telle cité dans son ensemble, mais est pensée en tant que devant mobiliser directement tout citoyen ordinaire quand il accepte de prendre part à la vie de la cité.

a. Courage, action et pluralité. S'exposer.

« Le champ où la liberté a toujours été connue […] comme un fait de la vie quotidienne, est le domaine politique, […] le fait que l'homme possède le don de l'action[1]. »
« La liberté qui ne devient que rarement – dans les périodes de crise ou de révolution – le but direct de l'action politique, est réellement la condition qui fait que les hommes vivent ensemble dans une organisation politique […]. La *raison d'être* de la politique est la liberté, et son champ d'expérience est l'action[2]. »

Pour Arendt, le politique vise l'institution et la préservation d'un espace d'apparence pour la liberté.

1. H. Arendt, « Qu'est-ce que la liberté ? », *op. cit.*, p. 189.
2. *Ibid.*, p. 190.

C'est par cette dimension d'apparition, ce caractère visible, public, que cet espace politique se constitue comme monde commun à tous les hommes. Aucune vie humaine n'est possible sans un monde. Et seule l'appartenance à une communauté spécifiquement politique, où l'on s'expose aux jugements de ses pairs, donne une place dans le monde ; *a contrario*, seule la perte de l'appartenance à une communauté politique exclut de l'humanité[1]. Il faut ici noter l'insistance d'Arendt sur la spécificité et la « supériorité » de la communauté comme espace politique, au détriment des communautés d'appartenance. C'est seulement dans un tel espace politique d'égalité que l'homme existe comme être libre.

Si l'homme existe toujours déjà comme réalité physique occupant un certain espace dans le monde naturel, ce n'est que dans la mesure où il prend une existence symbolique en se dévoilant au sein d'un espace d'apparence, qu'il devient « acteur », qu'il « actualise » ce qui fait de lui un homme, à savoir sa liberté de parole et d'action. L'humanité est de manière essentielle un pouvoir d'initiative :

---

1. Cf. H. Arendt, *Les Origines du totalitarisme*, t. II : *L'Impérialisme*, trad. M. Leiris, Paris, Fayard, 1982, p. 283.

« Ce commencement est garanti par chaque nouvelle naissance ; il est, en vérité, chaque homme[1]. »

C'est donc par l'action que l'homme naît réellement au monde, bien au-delà de sa naissance biologique :

> « Dans le domaine des affaires humaines, nous connaissons l'auteur des "miracles". Ce sont les hommes qui les accomplissent, les hommes qui, parce qu'ils ont reçu le double don de la liberté et de l'action, peuvent établir une réalité bien à eux[2]. »

Par l'action, l'homme se dégage du monde naturel pour naître au monde commun, au domaine public. Car ce qui caractérise le monde commun, ce qui le conditionne, c'est la pluralité, catégorie essentielle dans la pensée d'Arendt. Ce n'est que par la pluralité que, d'une part, une réalité peut se manifester et s'instituer comme monde commun – jamais donné et déterminé d'avance –, et que, d'autre part, peut naître et renaître un espace politique où se joue l'*inter esse* des relations entre les hommes. Cette pluralité, c'est celle qui, de par leur appartenance respective à la cité, rend les hommes égaux et

1. H. Arendt, *Les Origines du totalitarisme*, t. III : *Le Système totalitaire*, Paris, Seuil, coll. Points-Essais, 1972, p. 232.
2. H. Arendt, « Qu'est-ce que la liberté ? », *op. cit.*, p. 222.

uniques, « insubstituables »[1] pour reprendre l'expression de Paul Ricoeur :

> « La pluralité humaine, condition fondamentale de l'action et de la parole, a le double caractère de l'égalité et de la distinction[2]. »

Égalité, non par naissance naturelle donc, mais parce que l'initiative par laquelle les hommes s'exposent dans l'espace public leur donne un droit de ne pas y être jugés en fonction de leur naissance biologique ou de leur communauté d'appartenance, mais sur base de leurs paroles et de leurs actes, de ce qu'ils dévoilent dans cet espace. Distinction parce que chacun voit, entend, s'exprime et agit depuis sa « place », son contexte, faisant ainsi émerger une variété de perspectives.

La pluralité, comme variété de perspectives, est la condition de manifestation d'une réalité mondaine :

> « Le monde ne surgit que parce qu'il y a des perspectives et il existe uniquement en fonction de telle ou telle perception de l'agencement des choses du monde[3]. »

1. P. Ricoeur, « Pouvoir et violence », in *Lectures 1*, Paris, Seuil, 1991, p. 27.
2. H. Arendt, *CHM, op. cit.*, p. 231.
3. H. Arendt, *Qu'est-ce que la politique ?*, cité par J.-C. Eslin, *Hannah Arendt. L'obligée du monde*, Paris, Michalon, 1996, p. 60.

Et l'expérience totalitaire le révélera *a contrario* : si on ne le voit plus que sous un seul de ses aspects, le monde commun prend fin. La pluralité est aussi la condition fragile du politique parce qu'elle est la garantie de l'échange des opinions, de leur potentiel conflit, et que c'est bien dans le refus de tout unanimisme, dans la non-prévisibilité et la non-planification, le refus d'une coercition de la connaissance certaine de ce qu'il y a à faire, que peut s'exercer la *praxis*. Cet agir propre à la *politeia* ne peut être imputé à tel ou tel auteur singulier ; il relève d'une dimension de collectivité et d'anonymat assez proche de ce qu'on a pu rencontrer dans la pensée républicaine romaine et dans la pensée machiavélienne. Pour Arendt, le politique trouve son effectivité dans la pluralité et non dans l'adéquation à une idée préconçue du vivre-ensemble, qui aurait été déterminée par quelques-uns. Le politique doit dès lors toujours veiller à maintenir cette fragile pluralité et à préserver cet espace d'apparition pour tous et chacun.

C'est à partir d'une telle conception « anonyme » et « collective » qu'il faut interroger le courage de celui qui s'expose publiquement en cet espace d'apparition. Le courage est lié de manière essentielle à cette possibilité de commencement, d'inauguration, par l'action visible et publique. En effet, il faut du courage pour se mesurer au monde, une forme de courage que nous pouvons déplier en deux moments. Il faut d'abord et déjà de ce courage « originel »[1] dont nous parlions au sujet du héros homérique : le courage de quitter son abri, la chaleur de son foyer, la sécurité de son espace privé, pour s'exposer par l'action à la lumière publique, au regard des autres, à leur jugement :

> « Même de quitter la sécurité protectrice de nos quatre murs et d'entrer dans le domaine public, cela demande du courage[2]. »

Il faut aussi du courage parce que le politique, de par la pluralité qui le constitue, est dans son essence même imprévisible. L'action s'inscrit dans un réseau de relations ; elle est par là porteuse d'effets inattendus, se dessinant toujours déjà comme co-action. Audace inaugurale, le courage s'inscrit donc aussi dans le caractère tout à la fois inassignable et irréversible de la *praxis*. Il ne faudrait cependant pas comprendre là qu'il y a deux sortes de courage possibles. Il s'agit bien d'une même forme de courage se dépliant dans le temps. Arendt propose d'animer le courage d'une

1. H. Arendt, *CHM*, *op. cit.*, p. 210.
2. H. Arendt, « Qu'est-ce que la liberté ? », *op. cit.*, p. 203.

temporalité qui se dirait en un moment *ex ante* – le courage comme condition même de l'initiative et de l'inauguration d'un acte public –, et en un moment *ex post* – ce même courage, mais à retardement, qui ne peut s'exercer qu'une fois l'action accomplie, par l'assomption de ses conséquences. Dans les deux cas, paradoxalement, le courage ne se dit ni au passé (dans l'antériorité d'une intention, par exemple, ou la nécessité d'une enquête pour se déterminer à agir courageusement, comme chez Socrate), ni au futur (dans la prévisibilité des conséquences et les précautions), mais seulement au présent : il ne peut se révéler que dans l'effectivité de l'action et non pas par « une qualité de l'âme qui existerait cachée »[1] qui lui donnerait une antériorité sur l'acte. Il faut toujours déjà être engagé dans le monde pour être courageux, ce n'est que depuis le présent de l'action que je fais *montre*[2] de courage. Ce n'est donc que depuis le contexte, dans ses limitations et sa contingence que je puis me révéler courageux. Nul n'est courageux sans agir. Le courage est une qualité de l'acte, non de l'âme. Et il ne

---

1. E. Tassin, *Le Trésor perdu*, Paris, Payot et Rivages, 1999, p. 341.
2. Cf. G. Truc, *Assumer l'humanité : Hannah Arendt : la responsabilité face à la pluralité*, Bruxelles, Éditions de l'ULB, 2008. Ci-après *AH*.

s'agit bien évidemment pas de pouvoir déterminer *a priori* une liste prédéterminée d'actes « courageux ».

b. Le courage originel d'un co-dévoilement

Le courage, en son moment inaugural, s'inscrit donc de manière originelle dans l'action et la parole de l'homme qui exerce sa liberté et qui accepte de s'exposer. Il faut du courage pour se découvrir soi-même aussi, car il s'agit là d'un dévoilement aux autres sans pouvoir décider ni contrôler ce qui sera révélé de nous :

> « Nous dépendons des autres, auxquels nous apparaissons dans une singularité que nous sommes incapables de percevoir nous-mêmes[1]. »

C'est notre condition d'homme, appartenant à un *inter esse* qui nous enjoint à ce courage :

> « Bien que personne ne sache qui il révèle lorsqu'il se dévoile dans l'acte ou le verbe, il faut être prêt à risquer la révélation[2]. »

Le courage appartient ainsi à tout homme ; chaque homme est un « héros ». Pour reprendre les mots de

1. H. Arendt, *CHM, op. cit.*, p. 310.
2. *Ibid.*, p. 237.

Gérôme Truc, Arendt développe un « héroïsme démocratique »[1].

Mais s'il faut du courage pour agir, ce n'est pas seulement en ce moment inaugural, mais bien aussi en raison de la nature imprévisible et excessive de l'action politique. Il faut de ce courage de type machiavélien une fois encore pour accepter la prise du réel dans sa contingence et renoncer ainsi à la pureté de ses intentions. L'action humaine, projetée dans un tissu de relations où se trouvent poursuivis des buts multiples et parfois en conflit, n'accomplit presque jamais son intention initiale. Il faut y insister : ce n'est pas dans l'intention que réside le courage, mais dans l'acceptation que l'action, inexorablement, s'échappe pour frayer son chemin dans le monde avec d'autres. Avoir du courage, c'est accepter de laisser s'échapper, c'est accepter de perdre la maîtrise.

c. Le courage collectif : assumer les conséquences

Loin d'être une intention mise en acte, l'action est toujours plus que ce que l'acteur-inaugural a voulu. Elle est, dans son principe même, excessive, portée par une

1. G. Truc, *AH*, *op. cit.*, p. 98.

tendance inhérente à franchir toutes les bornes, dotée d'une infinitude constitutive : on ne peut jamais prédire la fin de ce qui a été déclenché par l'action. Elle modifie « toutes les combinaisons de circonstances »[1], enclenche des processus qui échappent à l'auteur initial. L'action est fondamentalement imprévisible :

> « Quiconque commence à agir doit savoir qu'il a déclenché quelque chose dont il ne peut jamais prédire la fin, ne serait-ce que parce que son action a déjà changé quelque chose et l'a rendue encore plus imprévisible[2]. »

L'action, issue d'une volonté finie et singulière rencontre un monde pluriel qui l'ouvre à l'infinitude. C'est par cette rencontre avec la pluralité que l'action participe à la naissance perpétuelle du monde commun, de l'*inter esse*, dont nous sommes responsables en tant que membres de la cité. De la sorte, l'homme qui agit ne peut être identifié comme « auteur » de celle-ci, c'est proprement la pluralité qui est auteur des processus engendrés par toute action dans son excès.

> « Si l'on peut identifier un agent déclencheur, ce n'est qu'au sein d'une pluralité de spect-*acteurs* qui, en tant

---

1. H. Arendt, *CHM*, *op. cit.*, p. 249.
2. H. Arendt, « Le concept d'histoire », in *La Crise de la culture*, *op. cit.*, p. 113.

qu'ils appartiennent au réseau des relations humaines, sont aussi des co-actants du processus[1]. »

L'acteur qui agit ne peut savoir d'avance quel sera le sens de son action, celui-ci ne se révélant qu'au terme du processus, au sein de la pluralité ; *il agit donc dans le plus grand risque* et doit être prêt à abandonner son intention aux aléas de la pluralité[2].

Le courage arendtien rejoint ici encore une conception proche de celle soulignée dans le chapitre sur Machiavel : affronter cette imprévisibilité inhérente à l'action, assumer que nos actions nous échappent et qu'il y a un risque de devoir porter une faute. La *virtù* politique n'est pas affaire de convictions individuelles mais d'effectivité au niveau collectif. Notre action peut être porteuse d'effets désastreux pour d'autres. Le courage consiste alors à regarder lucidement ces conséquences imprévisibles et la façon dont celles-ci affectent d'autres.

« L'ascription de la responsabilité commence par la reconnaissance des effets latéraux[3]. »

1. G. Truc, *AH*, *op. cit.*, p. 83.
2. Ricœur parle de « tragique de l'action » (P. Ricœur, *Lectures 1*, *op. cit.*, p. 286).
3. G. Truc, *AH*, *op. cit.*, p. 80.

Ce courage revêt encore une couleur machiavélienne, en ce qu'il s'agit aussi d'accepter de composer avec le cours de la *fortuna* : la *virtù* politique est

> « l'excellence avec laquelle l'homme répond aux occasions que le monde lui révèle sous la forme de la *fortuna* »[1].

Elle demande que l'acteur repère les occasions d'agir et entre dans l'action, sans prendre (perdre) le temps de la circonspection, de cette attitude théorique et contemplative qu'Arendt évacue du champ politique. Mais, à la différence de Machiavel, Arendt ancre ce courage dans la vie ordinaire : il faut juste répondre au monde que nous instituons en commun. Comme nous l'avons déjà indiqué, tout homme peut être un « héros », et, en raison d'une multiplicité de contextes, de circonstances, d'occasions d'agir, différents types de « héros » ou d'acteurs politiques coexistent dans le monde commun d'apparition.

Il en va de notre responsabilité pour le monde commun. Elle est inhérente à notre condition d'homme, à notre vie comme *inter esse*. Cette responsabilité est politique (et non morale) et collective :

> « Nous ne pouvons échapper à cette responsabilité politique et strictement collective qu'en quittant la

1. H. Arendt, « Qu'est-ce que la liberté ? », *op. cit.*, p. 198.

communauté concernée, et puisqu'aucun homme ne peut vivre sans appartenir à une communauté quelconque, cela voudrait tout simplement dire troquer une communauté contre une autre et par conséquent une sorte de responsabilité contre une autre[1]. »

Nous ne pouvons y échapper car elle fait partie de notre humaine condition. Mais elle reste l'objet d'un choix : l'homme peut la décliner ou y renoncer. La responsabilité politique est le fruit du consentement de l'homme libre qui choisit de sortir de la sécurité de son abri pour s'exposer dans l'espace politique et qui se lie aux autres dans la promesse d'assumer les conséquences de l'acte posé, aussi imprévisibles soient-elles. Cette responsabilité proprement politique porte en elle, comme sa condition, le courage[2].

1. H. Arendt, « La responsabilité collective », in *RJ*, *op. cit.*, p. 197.
2. Cette responsabilité, portée de manière individuelle, est aussi collective, au sens où elle ne prend sens que chez l'acteur qui accepte l'inexorable dialogue avec le monde. On pourrait alors parler de « responsabilité dialogique » au sens où « c'est au travers de ce dialogue que l'agent se révèle sujet responsable, en aucun cas préalablement » (G. Truc, *AH*, *op. cit.*, p. 81).

4. Courage et confiance sociale : John Dewey

Comment penser l'action dans l'incertitude, en lien à cette déstabilisation qui questionne la responsabilité individuelle et le libre arbitre, alors même que ceux-ci continuent à être mobilisés par la morale ambiante ? Cette tension contemporaine, on l'a vu, amène la question du courage. Arendt interroge cette vertu à partir de la scène politique, l'extirpant de sa dimension individuelle ancrée dans une conception autonome et souveraine du sujet. Le courage comme qualité de l'acte ne peut se manifester que dans un espace public et se met donc en scène comme une vertu par principe collective. De la sorte, le courage s'impose comme une vertu essentielle au politique. Mais ce politique reste pensé explicitement par Arendt dans sa différence par rapport au social : l'action de s'exposer sur une scène, qui suppose du courage, nécessite une rupture par rapport à tout ancrage social.

À ce titre, Dewey offre un tout autre type de réponse à la question du courage en contexte incertain, même si cette réponse conduit aussi le courage dans la sphère collective de l'espace public. Loin de concevoir cet espace commun comme un espace d'apparition dont la pluralité promet l'égalité, il interroge les conditions de possibilité sociales qui en feront un lieu de liberté pour des individus-acteurs de leur destin. Si, comme pour Arendt, la liberté est aussi une condition du vivre-ensemble et du politique, Dewey interroge cependant les conditions sociales et les dispositifs qui rendent cette liberté réelle, qui mettent les individus en capacité de prendre la parole et d'agir, d'investir le jeu social et politique. Gardant au courage une dimension profondément actantielle (comprendre le courage nécessite de faire retour aux acteurs en situation ; il s'agit d'une disposition individuelle qui se mesure dans l'engagement), il ancre celui-ci dans le lien social.

Dewey parle d'une société en transition, en mutation. Le contexte américain de l'époque (début du XXe siècle) est en effet marqué par des évolutions technologiques, la croissance économique et un accroissement vertigineux des possibilités de communication. Cette situation de développement engendre une complexification des problèmes dans de nombreux domaines (et la tentation de les reléguer dès lors aux experts), mais est aussi synonyme de ruptures dans l'organisation sociale, de crises de valeurs, de délitement du lien social, d'émergence de nouvelles vulnérabilités. L'individu se voit propulsé hors des liens habituels des communautés locales et de ses repères rassurants, pour se retrouver posé au cœur d'un nombre croissant de relations à caractère impersonnel[1]. Les conditions réelles de vie sont donc fortement modifiées, alors que les croyances, les valeurs et les habitudes d'action n'ont pas suivi le même mouvement de remise en question. Cette situation de décalage entre le contexte réel et les habitudes de pensée et d'action empêche les citoyens de comprendre leur situation présente. Ils se sentent dès lors perdus, impuissants et délaissent tout naturellement les choix et décisions aux experts.

Tout l'enjeu de l'œuvre de Dewey, tant dans ses œuvres de philosophie sociale et politique[2] que dans

---

1. Ce que Dewey vise quand il parle de la « Grande société ». Cf. par exemple J. Dewey, *Le Public et ses problèmes*, trad. fr. et introduction par J. Zask, Tours/Pau/Paris, Farrago/Publications de l'Université de Pau/Éditions Léo Scheer, 2003, p. 120 : « L'invasion de la communauté par de nouveaux modes mécaniques et relativement impersonnels du comportement humain collectif est le fait remarquable de la vie moderne. » Nous citerons dorénavant *PP*.

2. Outre *PP*, on verra en particulier J. Dewey, *Reconstruction en philosophie*, trad. par P. Di Mascio, Tours/Pau/Paris, Farrago/Publications de l'Université de Pau/Éditions Léo Scheer, 2003. Nous référerons à ce livre par la suite en mentionnant *RP*.

une partie de son œuvre pédagogique[1], est alors de penser comment investir cette période de transition pour remettre en mouvement une organisation sociale capable de faire face à ces nouveaux défis par la participation et l'émancipation de l'ensemble des citoyens. La démocratie, autrement dit, n'est pas l'affaire de quelques hommes courageux, providentiels et exemplaires, ou de quelques philosophes qui seraient en mesure de définir les finalités d'un vivre-ensemble harmonieux ; elle est l'affaire d'un courage collectif, visant à son appropriation par l'ensemble des membres de la société et permettant à chacun de libérer ses potentiels[2].

a. Le courage comme vertu de l'intellectuel en prise avec son temps

Dewey conçoit son rôle de philosophe et d'intellectuel comme étant de participer à cet effort collectif. La question du courage, dans son exigence de liberté, est une des clés du questionnement du philosophe sur l'actualité et de sa résolution à penser en étant

---

1. En particulier dans *Démocratie et éducation* [1944], trad. par G. Deledalle, Paris, Armand Colin, 1975-1990.
2. J. Dewey, *RP, op. cit.*, p. 171.

pleinement présent aux événements. C'était déjà le vœu d'Arendt lorsqu'elle écrivait que nous devons penser ce que nous faisons parce que

> « la pensée elle-même naît d'événements de l'expérience vécue et doit leur demeurer liée comme aux seuls guides propres à l'orienter »[1]

et que cela

> « ne fait pas seulement appel à l'intelligence et à la profondeur, mais, avant tout, au courage »[2].

Pour Dewey, l'intellectuel manifeste son courage lorsqu'il ose faire l'épreuve du social, c'est-à-dire lorsqu'il quitte l'espace théorique de la sagesse, de la contemplation, pour se confronter aux difficultés concrètes et aux possibilités réelles de transformation. C'est dans cette capacité de lire dans l'épreuve même du social « les tendances actives de notre temps »[3], d'y déceler du « possible » plutôt que du danger, que Dewey situe le rôle du philosophe. Il met ainsi à nouveau en jeu, après le Platon de la *Lettre VII* et après Kant, le sens même de la philosophie et sa tâche propre dans la

1. H. Arendt, « Préface », in *La Crise de la culture*, *op. cit.*, p. 26.
2. H. Arendt, « De l'humanité dans des "sombres temps" », in *Vies politiques*, Paris, Gallimard, coll. Tel, 1974, p. 16.
3. J. Dewey, *RP*, *op. cit.*, p. 172.

question du courage. Des questions telles que « qu'est-ce que la philosophie ? » ou « qu'est-ce que la politique ? » changent de sens dans la pensée pragmatiste. Dans l'injonction « *Sapere aude !* » est aussi fait le procès d'une certaine forme de pensée philosophique, d'une certaine pratique de la pensée que Dewey, déplaçant Kant et ici plus proche d'Arendt, rabat sur la distance théorique, l'isolement du philosophe ou encore sur la consolation que procure cet espace à distance du réel. Pour lui, la philosophie n'a pas à se consoler, mais doit répondre à l'injonction répétée de se remettre en mouvement, au travail :

> « Lorsque nous défendons la philosophie traditionnelle de l'intellectualisme, nous croyons défendre la cause de la réflexion impartiale, définitive et désintéressée. En fait, la doctrine de l'intellectualisme historique, du savant spectateur, a été inventée par des hommes pleins d'aspirations intellectuelles pour se consoler de l'impuissance sociale et matérielle de la pensée qu'ils servaient. Le contexte et le manque de courage les empêchaient de faire en sorte que leur savoir pèse sur le cours des événements et ils se sont trouvés comme alibi cette idée que la connaissance est une chose bien trop sublime pour être souillée par quelque contact avec ce qui participe du changement et de la pratique[1]. »

1. J. Dewey, *RP*, *op. cit.*, p. 111.

Le philosophe ne doit plus s'adresser au pouvoir, s'opposer dans la distance critique par rapport au politique pour échapper au verbe creux – comme chez Platon –, mais il doit trouver dans l'épreuve et dans le trouble que cette épreuve suscite le courage d'une pensée utile à l'action, l'intelligence d'agir, celle qui nous dicte

> « d'aller là où les changements sociaux et scientifiques nous commandent d'aller »[1].

Dès lors,

> « contribuer à cette articulation [entre la science et l'émotion], révéler le sens du cours des événements : telle est la tâche de la philosophie dans les périodes de transition »[2].

Ainsi pensée, la philosophie n'est plus une science première ; son sens se manifeste dans cette tâche courageuse et féconde qui est d'apporter sa contribution face aux difficultés de nature morale ou sociale. La finalité de la philosophie est de participer au processus de transformation de l'expérience en vue de son amélioration. La seule finalité envisageable pour un auteur pragmatiste comme Dewey

1. J. Dewey, *RP*, *op. cit.*, p. 172.
2. *Ibid.*

ne peut être un terme fixe, un objectif à atteindre, mais seulement un processus : celui d'une *reconstruction permanente*. Et le point de vue du philosophe n'est pas celui – extérieur – du spectateur ou de l'expert qui dirait la vérité du politique, mais bien celui d'un acteur partant de l'expérience même, dans un rapport immanent au monde et aux transformations sociales :

> « … l'expérience ancienne est utilisée pour suggérer des buts et des méthodes visant à développer une expérience nouvelle et améliorée : l'expérience devient ainsi sa propre source constructive de régulation[1]. »

Dans cette ligne, le philosophe doit pouvoir proposer des outils de réflexion et d'action qui permettront de mieux cerner les difficultés liées aux transformations sociales, de chercher à en appréhender les causes et de travailler à l'élaboration de projets de réponses à apporter aux nouvelles vulnérabilités qui l'accompagnent.

> « La philosophie peut, si elle le veut […] donner naissance à des idéaux, c'est-à-dire à des buts qui ne soient ni des illusions, ni de simples compensations affectives[2]. »

1. J. Dewey, *RP*, *op. cit.*, p. 97.
2. *Ibid.*, p. 119.

Dans cette optique, la sphère de l'idéal n'est plus

> « quelque chose de distant et d'isolé », c'est un « ensemble de possibilités imaginées qui incite les hommes à entreprendre et à accomplir quelque chose »[1].

L'approche pragmatiste de la théorie morale n'est dès lors concernée que par des pratiques réelles et non par des principes. Déterminer des « biens » moraux, des finalités, des vertus n'a de sens que lorsque quelque chose doit être fait, c'est-à-dire toujours en contexte :

> « La morale n'est pas un catalogue d'actes ou un ensemble de règles à appliquer comme une ordonnance ou une recette de cuisine. L'éthique a besoin de méthodes spécifiques d'enquête et de bricolage : des méthodes d'enquête pour repérer les difficultés et les maux à résoudre, des méthodes de bricolage afin d'élaborer des plans à utiliser comme hypothèses de travail pour résoudre les problèmes repérés[2]. »

De manière générale, Dewey investit la philosophie de la mission de développer des outils et des méthodes permettant une intelligence expérimentale des affaires humaines et des phénomènes sociaux. Le terme de

1. J. Dewey, *RP*, *op. cit.*, p. 111-112.
2. *Ibid.*, p. 144.

« bricolage » renvoie bien à ce type de dispositifs visant la découverte à partir de ce qu'on a, avec ce que l'on a, sans pouvoir définir d'avance un résultat certain à ce processus de recherche.

Si l'on veut tirer de leur immobilisme les croyances et habitudes d'action, il est nécessaire d'appliquer aux problématiques émergeant dans le champ social des méthodes d'investigation expérimentales proches de celles qui opèrent dans les sciences physiques et qui impliquent une logique d'enquête visant à engager les participants dans une recherche collaborative et coopérative afin de chercher les enjeux collectifs d'une situation et ce qu'elle requiert[1]. On doit pouvoir penser dans et avec le social. L'enquête ne vise pas à chercher seulement les moyens qui permettraient de réaliser des objectifs et finalités qui auraient été définis de manière indépendante et *a priori*, mais bien à porter attention, dans la situation elle-même, aux éléments utiles pour la définir dans sa problématicité, et aux ferments de solution qu'elle contient. La finalité de l'enquête est d'ouvrir sur un continuum d'expériences nouvelles et enrichissantes, c'est-à-dire d'ouvrir

---

1. Cette problématique est au cœur d'un autre ouvrage fondamental de J. Dewey. Cf. *Logique, La théorie de l'enquête*, trad. par G. Deledalle, Paris, PUF, 1967.

la voie à de nouvelles situations préférables à celle qui faisait conflit[1]. En effet, « les enquêtes en sciences sociales sont mobilisées au titre d'une méthode destinée à canaliser le changement social dans une direction jugée bonne »[2], sans qu'une idée de la « société parfaite » ne puisse cependant être posée. Ce processus perpétuel d'amélioration permet de caractériser l'enquête sociale comme un processus de *créativité* :

> « L'enquête, écrit à ce propos Joëlle Zask, relève plus d'une logique de création que d'une logique de découverte. Ses objets sont le changement qu'elle provoque[3]. »

L'intelligence expérimentale est donc cette capacité à apprendre de la situation mais aussi à apprendre à apprendre : face à une déstabilisation, nous ne sommes pas seulement en mesure d'essayer de faire mieux avec ce que nous avons, d'essayer d'ajuster nos anciennes habitudes, mais nous nous révélons aussi

---

1. Cf. J. Zask, « L'enquête sociale comme inter-objectivation », in B. Karsenti et L. Quéré (eds), *La Croyance et l'enquête*, Paris, Éd. de l'Ehess, 2004, p. 147 : « Le critère d'une expérience réussie est donc le degré auquel telle ou telle expérience rétablit le continuum expérientiel, quel que soit le domaine considéré ».
2. *Ibid.*, p. 157.
3. J. Zask, « La politique comme expérimentation », *Introduction*, in *PP*, *op. cit.*, p. 20.

capables de modifier nos habitudes, d'en produire de nouvelles, d'introduire de la variabilité. Cette tâche n'est pas réservée à quelques-uns, ni aux seuls intellectuels, et il s'agit donc aussi pour Dewey de proposer des pistes de réflexion pour que cette exigence de l'intelligence expérimentale devienne accessible à tous. Il interroge ainsi les dispositifs permettant à un maximum d'individus de s'investir dans de tels processus d'enquête et de co-construction des enjeux sociaux.

b. Courage et dispositifs de confiance sociale

En régime démocratique, toute personne doit pouvoir être reconnue comme un acteur responsable du processus de définition des idéaux à atteindre au sein des groupes sociaux auxquels il appartient. La confiance des individus dans leur capacité à jouer un tel rôle devient donc un objet pour la philosophie et son renforcement un objet pour la politique. Il s'agit d'intéresser les individus à ce type d'engagement et de soutenir toutes les dispositions utiles à l'exercice d'un tel modèle d'intelligence coopérative. Des dispositions telles que la sensibilité, la curiosité active, l'empathie, la sincérité, la responsivité (*responsiveness*), l'ouverture d'esprit (au sens de capacité à se laisser affecter par le nouveau et à pouvoir réviser ses croyances), mais aussi la persistance et l'endurance deviennent ce sur quoi l'intelligence doit se centrer, ce qui est nécessaire à cet engagement confiant dans l'expérience et à la croyance en son amélioration. Et le courage, tel que Dewey le décrit dans une série de conférences données à l'Université de Chicago en 1898[1], fait partie de ces dispositions nécessaires à l'intelligence expérimentale. Cette intelligence, outre un engagement dans la situation pour y déployer une attention active, implique aussi de pouvoir se laisser affecter, d'y déceler des possibles, d'en dégager un idéal porteur de choix, de maintenir cet idéal face aux difficultés, d'avoir confiance en son pouvoir de transformation et ainsi de se mettre en action pour concrétiser le changement nécessaire. Dans les conférences de 1898, Dewey aborde le courage comme moment du processus moral de médiation de l'impulsion, processus dynamique par lequel le soi vient à la conscience de lui-même depuis son impulsion à agir. Il parle du courage en termes de « self-assertion », l'évoque comme une attitude mentale qui permet l'expression de l'impulsion, même à travers les difficultés et qui se déplie en trois moments.

1. Cf. « Courage and Temperance », in J. Dewey, *Lectures on Psychological and Political Ethics : 1898*, édité par D. F. Koch, New York/London, Hafner Press/Collier Macmillan, 1976.

Premièrement, l'attitude portée par le courage représente une tendance à l'initiation, au geste inaugural. Il s'agit bien de partir de l'impulsion comme ce moment de fracture et de rupture avec les habitudes établies et consenties. L'impulsion, quand elle est reconnue comme telle, dans ce geste d'initiation, exprime un « pouvoir autochtone » (*native original power*) qui n'a pas encore reçu l'assentiment d'autrui, un pouvoir qui se risque à introduire de la variabilité dans l'ordre existant. Deuxièmement, l'attitude de *self-assertion* comme engagement à maintenir, à tenir et à exprimer ce moment inaugural met en lumière une dimension liée à la confiance en ce geste, une confiance en soi comme une sorte de foi (« *faith* ») dans le rôle que je peux jouer pour introduire cette variation et transformer l'ordre des choses. Cette impulsion qui me mobilise et que j'entends exprimer avec sincérité n'est pas une simple lubie personnelle, elle entend bien exprimer le soi dans son engagement envers son environnement social. Cette impulsion cherche à s'exprimer comme soi actif et agissant, et non comme soi isolé sans impact sur le monde ou simple porteur d'excentricités. Un troisième moment vient enfin déplier la vertu du courage. C'est le moment de l'effort pratique impliqué par cet idéal qui émane non pas d'une imposition extrinsèque mais d'une impulsion concrète. Il ne s'agit en effet pas de se borner à un consentement nominal, mais bien d'affirmer l'idéal émanant de l'impulsion en l'imprimant dans l'action. Dewey parle alors ici du courage comme d'une « *executive force* ». Celle-ci manifeste la signifiance de la sincérité dans le concret de la vie.

Questionner le courage, c'est aussi pour Dewey questionner les conditions sociales qui permettraient aux individus de se doter d'une telle confiance et de ces dispositions, c'est s'interroger sur les conditions sociales qui permettraient de renforcer leurs capacités à la participation. La vie sociale, ainsi que les institutions et dispositifs par lesquels elle s'organise, doivent viser la formation d'individus capables d'accroître leur pouvoir de réflexion et d'action :

> « Les institutions sont envisagées dans leurs effets éducatifs en référence au type d'individus qu'elles engendrent. Du coup, s'intéresser à l'amélioration morale de l'individu et s'intéresser à la réforme des conditions économiques et politiques ne font qu'un, et l'interrogation sur le sens du dispositif social prend toute sa signification[1]. »

Il faudra donc privilégier les institutions sociales et dispositifs qui soutiennent cette dynamique et

1. J. Dewey, *RP*, *op. cit.*, p. 162-163.

continuellement interroger les effets d'un dispositif sur les dispositions de ceux qui en sont les acteurs :

> « [Le dispositif] est-il favorable à l'épanouissement de quelques-uns au détriment des autres ou bien de façon homogène et équitable ?[1] »

Qu'est-ce qui est fait pour libérer les potentiels chez les individus ? Quels individus sont « créés » par les dispositifs ? Dewey développera notamment une large réflexion sur les dispositifs éducatifs, dont les lignes de force sont axées sur une pédagogie de l'activité et de l'expérience (plutôt que de la connaissance), une pédagogie centrée sur les intérêts des enfants mis en contexte d'expérimentation de la socialisation et sur une réflexion en lien avec la possibilité d'une réelle égalité des chances[2].

c. Courage, affectivité et engagement : la construction du « public »

Dewey nous offre une autre piste de réflexion intéressante pour questionner les conditions du courage

---

1. J. Dewey, *RP, op. cit.*, p. 163.
2. Cf. J. Dewey, *Démocratie et éducation, op. cit.*

en lien avec la capacité réelle des acteurs à se réapproprier les enjeux qui les concernent. Cette piste réside dans l'analyse que l'auteur propose du *public* principalement dans son ouvrage de 1927, *The Public and its problems*.

La question du public est une question cruciale pour nos régimes démocratiques ; elle est aussi une expérience essentielle pour questionner le courage et ce, à un double titre. *D'une part*, le type d'expérimentation qui anime la constitution d'un public peut être lu comme la manifestation d'un courage en lien avec l'émotion et donc avec cette condition contemporaine de fragilité et d'incertitude qui grève l'action du sujet. Qu'est-ce qui, d'un trouble ou d'une souffrance sociale, permet le passage à l'action ? Qu'est-ce qui amène les acteurs à inventer des procédés pour réguler leurs pratiques ? Qu'est-ce qui les ouvre à la créativité sociale plutôt qu'au conformisme ? Qu'est-ce qui les met en chemin d'engagement dans des processus de résolution de problèmes et même plus, de transformation sociale ? Comment l'affect peut-il conduire à la conscience et à un moment inaugural d'engagement dans un processus d'action transformateur des conditions aliénantes ? *D'autre part*, cette expérimentation de la communauté d'action que constitue le public est aussi le lieu d'expérimentation d'une transformation possible des identités par la participation au groupe. Par cette dynamique d'expérimentation au sein d'un groupe d'action, l'acteur ne fait pas seulement l'acquisition de nouvelles compétences, mais aussi d'une confiance liée à des mécanismes de reconnaissance. Or, on l'a vu, les dispositifs sociaux de responsabilisation individuelle de nos sociétés ne cessent de s'adresser aux individus, de renvoyer aux individus, de les enjoindre à l'acte comme individus, présupposant ainsi tant leur capacité d'autonomie qu'une possibilité également distribuée à chacun d'être responsable et courageux. Les réflexions pragmatistes sur la communauté d'action que constitue le « public » invitent à comprendre que ce n'est que par la façon dont un individu se représente et se sent reconnu comme partie prenante d'un groupe, d'un « nous », qu'il peut se réaliser comme personne et comme citoyen, comme *acteur*. Ce n'est qu'à partir d'une telle autoréalisation que le courage peut être autre chose qu'une injonction ou une possibilité formelle.

À la différence d'Arendt, Dewey ne conçoit pas le public comme déjà constitué, comme un espace où apparaître. Il s'agit au contraire de comprendre comment il peut se construire à partir des interactions des individus. Les hommes s'associent pour toutes sortes de raisons, s'engageant dans différents groupes[1]. De ces associations, et des décisions qu'elles prennent, naissent des conséquences qui peuvent s'étendre non seulement aux membres de la communauté restreinte que forme l'association – conséquences directes –, mais aussi à des personnes non concernées au départ – conséquences indirectes. Dans le contexte social déjà évoqué, ces conséquences indirectes sont de plus en plus nombreuses et fréquentes. Elles sont d'abord perçues, ressenties, subies et peuvent engendrer une sorte de choc ou de déstabilisation des individus qui les tire de leur indifférence et les pousse à exprimer le besoin d'un contrôle conjoint de ces conséquences et à s'engager dans une résolution collective du problème[2]. C'est

1. C'est la condition même de la vie sociale ; et, pour Dewey, processus de participation au groupe et individuation comme autoréalisation sont intimement liés. Cf. *PP*, p. 69 : « L'homme n'est donc pas associé *de facto*, mais il devient un animal social dans la composition de ses idées, de ses sentiments et de son comportement réfléchi. Ce qu'il croit, espère et vise est le résultat de l'association et de l'échange. »

2. Cf. J. Dewey, *PP*, *op. cit.*, p. 76 : « Cette perception fait [...] naître un intérêt commun : ceux qui sont affectés par les conséquences sont forcément concernés par la conduite de tous ceux qui, comme eux-mêmes, contribuent à provoquer les résultats. »

à partir de là que pourra se constituer ce que Dewey nomme un « public ». Cependant, pour qu'un public puisse se définir et s'organiser, c'est-à-dire se construire et se « capaciter » politiquement, il est nécessaire de dépasser le simple ressenti. Il s'agit de faire de l'« objet » qui pose problème et de ses conséquences un véritable problème public. Il faut que les conséquences indirectes ne soient pas seulement ressenties de manière diffuse, mais qu'elles soient perçues précisément, connues, afin qu'un jugement pratique puisse être posé. La situation conflictuelle requiert d'être traitée comme un problème de connaissance et d'expérimentation : on retrouve ici la notion d'enquête, en insistant, cette fois, moins sur sa distance par rapport au savoir théorique de la « science première » que sur le fait qu'elle est bien un type de connaissance et un mode d'expérimentation. C'est par un processus de recherche *conjointe* dans l'élaboration de la connaissance du problème qu'un public se construit :

> « Le problème d'un public démocratiquement organisé est avant tout un problème intellectuel[1]. »

1. J. Dewey, *PP*, *op. cit.*, p. 140. Il faut rappeler ici qu'il ne s'agit en aucun cas de confier le choix et la définition des problèmes ainsi que les options de solutions à explorer aux seuls experts. Que du contraire ! C'est bien dans des enquêtes conjointes, auxquelles

Cette démarche d'enquête sociale expérimentale doit mobiliser les participants dans une recherche coopérative et déboucher sur un « objet » doté d'une signification partageable, une « représentation » qui prend en compte les enjeux sociétaux de toutes les parties concernées. Il s'agit bien de produire ensemble du commun, de définir un intérêt partagé, et ce, par la participation active de tous les concernés – experts et profanes – au processus collaboratif, par le croisement des savoirs, des expertises, des compétences, mais aussi des besoins, des intérêts et des désirs. De sorte que, d'une situation conflictuelle, on puisse en venir à une situation plus unifiée, non pas dans un sens identitaire, mais dans le sens d'une situation de partage, de communauté, d'intérêt public à partir de vues et intérêts divergents. Le trouble de départ a fait l'objet d'un travail collectif d'identification et cette action collective conduit à l'espace public, au débat social et à l'agenda politique de nouvelles entités, de nouvelles fractures sociales.

participent tant experts que profanes, que peuvent se construire des publics. Cf. par exemple, *PP*, p. 197 : « Il est impossible aux intellectuels de monopoliser le type de connaissance devant être utilisé pour la régulation des affaires communes. Plus ils en viennent à former une classe spécialisée, plus ils se coupent de la connaissance des besoins qu'ils sont censés servir. »

L'action collective résultant de ce type d'expérimentation n'est pas seulement productrice de nouveaux intérêts communs ; elle participe aussi à une transformation des acteurs qui s'y engagent, en termes d'acquisition de compétences (par l'échange des savoirs notamment), mais aussi, et de manière plus fondamentale, par l'acquisition d'une *confiance essentielle à l'expression du courage*. En effet, si le public n'existe pas avant sa construction, les individus n'existent pas non plus comme des parties déjà préexistantes au public, mais se construisent, se transforment et se capacitent dans le processus même.

En effet, ce que l'expérimentation propre au public nous apprend, c'est aussi ce que c'est que « faire groupe », se construire et se positionner comme « groupe » dans la société et se doter d'une parole collective. Et il ne faudrait pas minimiser l'apport de ces « laboratoires sociaux », surtout dans une société qui se dit en termes d'égalité des droits et des devoirs individuels mais qui parle peu de la capacitation de ces individus. Ce qui se met en place dans cette recherche de commun, c'est une dynamique qui amène les acteurs dans des processus d'engagement qui les conduit à créer du « nous » autour d'enjeux problématiques :

« Lorsque les conséquences d'une activité conjointe sont jugées bonnes par toutes les personnes singulières qui y prennent part, et lorsque la réalisation du bien est telle qu'elle provoque un désir et un effort énergiques pour le conserver uniquement parce qu'il s'agit d'un bien partagé par tous, alors il y a communauté[1]. »

Dans cette expérience de participation au sein de l'association, l'individu fait l'expérience de la communauté. Cette communauté lie réflexivement processus de participation au groupe et processus d'individuation et d'autoréalisation. Par sa contribution personnelle à la recherche d'un intérêt partagé, mais en fonction de ses compétences et de ses intérêts propres, l'individu libère ses potentialités singulières, tout en faisant partie d'un groupe et en poursuivant un effort collectif :

« La liberté est cette libération et cet accomplissement assurés des potentialités personnelles, qui ne peuvent se produire que par une association riche et variée avec les autres[2]. »

Réfléchir sur les conditions sociales du courage, c'est donc aussi réfléchir sur les conditions de la libération des potentialités individuelles. La vie associative est l'un

1. J. Dewey, *PP*, *op. cit.*, p. 157.
2. *Ibid.*, p. 157-158.

des espaces sociaux où une telle exigence peut se réaliser. Se représentant comme partie prenante d'un groupe, et expérimentant des processus de reconnaissance à travers son engagement, l'individu peut se réaliser comme personne et prendre confiance dans sa capacité à être acteur de la société. Il s'agit là d'un enjeu capital pour la démocratie :

> « Pour l'individu, [la démocratie] consiste dans le fait de prendre part, de manière responsable, en fonction de ses capacités, à la formation et à la direction des activités du groupe auquel il appartient, et à participer en fonction de ses besoins aux valeurs que défend le groupe[1]. »

La démocratie vivante dépend de cette dynamique communautaire où se joue la réalisation de soi. Elle demande la conscience claire de la vie commune et celle-ci ne s'expérimente que dans la vie réelle. Dewey fonde la démocratie sur l'expérimentation réelle de la communauté, sur son appropriabilité : c'est-à-dire moins sur l'appartenance à une communauté de fait

---

1. J. Dewey, *PP*, *op. cit.*, p. 156. On peut renvoyer ici aux réflexions sur la « démocratie situationnelle » que développent M. Benasayag et D. Sztulwark, dans *Du contre-pouvoir*, Paris, La Découverte, 2000. Cf. par exemple, p. 54 : « La démocratie est la pluralité croissante et réelle des pratiques et des situations. »

(ethnique, nationale) ou de « citoyenneté » (la communauté politique d'Arendt, par exemple), que sur la participation active à une communauté de finalités choisies collectivement. Le lieu fondateur du politique, son espace de vivification, est cet espace public que les individus se sont effectivement approprié et qui se constitue sans cesse dans des processus communautaires fondés sur l'action coopérative.

Le public de Dewey, pris en considération comme construction, non seulement n'existe jamais en deçà du processus collectif qui le fait émerger, mais il suppose que les acteurs qui participent à ce processus se construisent eux aussi dans celui-ci. Si, de la sorte et une fois de plus, le courage n'a donc de sens qu'à un niveau collectif, ce passage au collectif, contrairement à ce qui résultait de l'absolutisation du politique arendtien, n'induit pas ici l'abandon d'une attention à la confiance individuelle et à ses conditions en ce qu'elles se situent à un niveau proprement social. À ce titre, c'est bien le rôle même du philosophe qui se réfléchit dans ce questionnement du courage. Et de ce point de vue, on peut apprécier combien le public du philosophe kantien, avec l'épreuve intérieure qu'il réclamait, représentait un déplacement bien moindre – bien moins courageux –

par rapport aux habitudes spontanées du philosophe, que celui du philosophe-bricoleur pragmatiste.

Conclusion

NOUS AVIONS SOULIGNÉ, en introduction, l'influence privilégiée d'Arendt et de Foucault dans ce livre. Arendt, disions-nous, problématisait le rapport de la philosophie à la politique, offrant ainsi une clé de lecture du courage particulièrement pertinente ou, inversement, permettant à la réflexion sur le courage de rebondir sur une interrogation au sujet de la nature de la tâche propre de la philosophie. Foucault, quant à lui, d'une part nous permettait de penser les thèmes croisés du pouvoir et du savoir et les moments réflexifs où ces croisements apparaissent dans l'histoire de la philosophie et, d'autre part, il nous offrait une philosophie de l'histoire dont la fonction était de rendre étrange le plus proche et le plus évident.

Arendt et Foucault permettent aussi au terme de ce livre de construire un discours critique sur l'héroïsme, c'est-à-dire sur la figure la plus emblématique du courage et aussi la plus problématique aujourd'hui. Dans *La Condition de l'homme moderne*, Arendt souligne que l'héroïsme valorisé dans les épopées et qui a encore tant de sens et d'importance aujourd'hui reposait à l'origine sur une conception de l'immortalité qui a disparu : ce qui est immortel ou ce qui donne l'immortalité aujourd'hui, ce n'est plus le geste magnifique et magnifié par un récit légendaire, ce sont les objets qui durent, les héritages, les œuvres d'art transmises à la postérité. Parler pour ne pas mourir, parler en héros a longtemps eu un sens, qui nous est maintenant devenu étranger – ce qu'Arendt regrette sans doute, mais qui nous laisse peut-être aussi devant la tâche d'inventer de nouvelles formes de durées, d'inventer de nouvelles formes d'héroïsme ou d'abandonner le recours moral et social à l'héroïsme. Pour ce faire, il faut d'abord éprouver cette étrangeté en évoquant, par exemple, l'histoire que Foucault a proposée de la naissance de l'archive, du moment où la police a commencé à recueillir le murmure douteux qui s'élevait autour de chacun. Car avec l'archive, c'est un nouveau langage (d'aveux, de délations) qui naît et qui porte sur le quotidien et sur la vie de ceux que Foucault appelle les « hommes infâmes ». Ce qui est écrit, rapporté, ce ne sont donc plus tant les grandes histoires des héros, des modèles, mais les petites histoires de tous :

> « Longtemps n'avaient mérité d'être dits sans moquerie que les gestes des grands ; le sang, la naissance et l'exploit, seuls donnaient droit à l'histoire. Et s'il arrivait que parfois les humbles accèdent à une sorte de gloire, c'était par quelque fait extraordinaire – l'éclat d'une sainteté ou l'énormité d'un fait. Qu'il puisse y avoir dans l'ordre de tous les jours quelque chose comme un secret à lever, que l'inessentiel puisse être, d'une certaine manière, important, cela est demeuré exclu jusqu'à ce que vienne se poser, sur ces turbulences minuscules, le regard blanc du pouvoir. Naissance donc d'une immense possibilité de discours. Un certain savoir du quotidien a là une part au moins de son origine et, avec lui, une grille d'intelligibilité que l'Occident a entrepris de poser sur nos gestes, sur nos manières d'être et de faire[1]. »

Foucault évoque ici un tournant dans la littérature, de l'épopée à la statistique et peut-être même à

1. M. Foucault, « La vie des hommes infâmes », *DE*, *op. cit.*, t. III, p. 248.

la bio-médiatisation pour le dire de manière générique, en modulant à la fois le biographique et le biologique. Depuis le XVIIᵉ siècle, le discours littéraire de l'Occident n'a plus pour tâche de manifester l'éclat trop visible de la force, de la grâce, de l'héroïsme, de la puissance ; mais d'aller chercher ce qui est le plus difficile à apercevoir, le plus caché, le plus malaisé à dire et, éventuellement, le plus interdit et le plus scandaleux. Est né un art du discours dont la tâche est de faire apparaître les derniers degrés, les plus ténus, du réel, ce qui ne mérite aucune gloire, l'« infâme » donc.

Ce tournant est, plus généralement, un tournant dans l'ordre du discours lui-même et annonce la multiplication sans fin des discours et donc la perte pour le discours d'une fonction qu'il pouvait avoir, dans l'Antiquité et le Moyen Âge, d'isoler, et comme le concevaient les Grecs, d'immortaliser les héros. Ce tournant est la raison possible d'une crise actuelle du discours sur l'héroïsme : c'est un discours noyé dans le flot des discours sur l'infâme et rien ne permet d'isoler durablement le héros de l'homme infâme. Nos héros sont minuscules ou quotidiens.

En même temps, c'est ce discours sur le quotidien qui permet aussi le développement de nos jours d'un type de gouvernement, émancipé de la figure de l'État, qui agit via des injonctions à la responsabilité parfaitement décontextualisées et individualisantes. Ce gouvernement[1] porte ainsi sur la totalité des comportements de chacun, comme si nous étions les artistes, non seulement de nos propres vies mais de nos environnements : ceux-ci peuvent en effet, désormais, grâce au raffinement des techniques automatisées de profilage, s'adapter constamment à nos besoins, les anticiper au point que la vie du héros infâme perde toute contingence et soit parfaitement obéissante.

1. Voir à ce sujet T. Berns, *Gouverner sans gouverner. Une archéologie politique de la statistique*, PUF, 2009.

Orientations bibliographiques

Textes de référence

LES ANCIENS

ARISTOTE, *Éthique à Nicomaque,* trad. Gauthier & Jolif, Louvain-la-Neuve/Paris, Publications universitaires de Louvain/éd. B. Nauwelaerts, 1958. Voir particulièrement III, 9.

AUGUSTIN, *Confessions,* trad. E. Tréhorel et G. Bouissou, introd. et notes par A. Solignac, Paris, Desclée de Brouwer, « Bibliothèque augustinienne » 13-14, 1998. Voir particulièrement livre VIII.

– *De Civitate Dei,* in *Œuvres,* 33, (livres I-V), 34 (livres VI-X), 35 (livres XI-XIV), 36 (livres XV-XVIII), 37 (livres XIX-XXII), trad. G. Combès, intro. G. Bardy, Paris, Desclée de Brouwer, « Bibliothèque augustinienne », 1959-1960. Voir particulièrement I, XXIV.

PLATON, *Lachès,* trad. A. Croiset, Paris, Les Belles Lettres, « Collection des Universités de France », 1921.
    – *Apologie de Socrate,* trad. M. Croiset, Paris, Les Belles Lettres, « Collection des Universités de France », 1970.
    – *Lettre VII,* trad. J. Souilhé, Paris, Les Belles Lettres, « Collection des Universités de France », 1949.
THOMAS D'AQUIN, *Somme théologique,* trad. coordonnée par A.-M. Roguet, Paris, Le Cerf, 1984. Voir particulièrement IIa, IIae, q. 123-140 (trad. A. Raulin).

LES MODERNES

DESCARTES R., *Traité des passions,* Paris, Gallimard, Pléiade, 1953. Voir particulièrement II art. 59 ; III, art. 171 et 173.
HUME D., *Enquête sur les principes de la morale*, Paris, Flammarion, « GF », 1991.
    – *La morale, Traité de la nature humaine,* Paris, Flammarion, « GF », 1993.
LA BOÉTIE É. DE, *Discours de la servitude volontaire,* Paris, Flammarion, « GF », 1983.
MACHIAVELLI N., *Tutte le opere,* Mario Martelli (éd.), Sansoni editore, Firenze, 1971. Voir particulièrement *Il principe* et *Discorsi sopra la prima deca di tito livio.*
SPINOZA B., *Traité Politique*, trad. L. Bove, Paris, Livre de Poche, 2002. Voir particulièrement V, 5.

Kant E., *Vers la paix perpétuelle... et autres textes*, trad.
F. Proust et J.-F. Poirier, Paris, Flammarion, « GF »,
1991. Voir particulièrement *Réponse à la question :
Qu'est-ce que les Lumières ?* et *Que signifie s'orienter
dans la pensée ?*
– *Critique de la faculté de juger*, trad. A. Philonenko,
Paris, Vrin, 1993.

Les Contemporains

Arendt H., *Condition de l'homme moderne*, trad. G. Fradier,
Paris, Calmann-Lévy, « Agora », 1983.
– *La Crise de la culture,* trad. sous la dir. de P. Lévy,
Paris, Gallimard, « Folio essais », 1972. Voir particu-
lièrement « Qu'est-ce que la liberté ? » et « Qu'est-
ce que l'autorité ? ».
– *Responsabilité et jugement*, trad. J.-L Fidel, Paris,
Payot, 2005.
Dewey J., *Le Public et ses problèmes*, trad. et intro. J. Zask,
Tours/Pau/Paris, Farrago/Publications de l'Univer-
sité de Pau/Éditions Léo Scheer, 2003.
– *Reconstruction en philosophie*, trad. P. Di Mascio,
Tours/Pau/Paris, Farrago/Publications de l'Univer-
sité de Pau/Éditions Léo Scheer, 2003.
Foucault M., « La vie des hommes infâmes », dans *Dits et
Écrits*, t. III, Paris, Gallimard, « NRF », 1994, p. 237-
252.
– « Qu'est-ce que les Lumières ? », dans *Dits et Écrits*,
vol. IV, Paris, Gallimard, « NRF », 1994, p. 562-577.

– *Le Gouvernement de soi et des autres – Cours du Collège de France 1982-1983*, Paris, Gallimard/Seuil, « Hautes études », 2008.

– *Le Courage de la vérité – Cours du Collège de France 1983-1984*, Paris, Gallimard/Seuil, « Hautes études », 2009.

JANKÉLÉVITCH V., *Traité des vertus*, t. II, *Les Vertus et l'Amour*, Paris, Champs Flammarion, 1986. Voir particulièrement vol. 1, ch. 2 : « Le courage et la fidélité ».

JONAS H., *Le Principe responsabilité, Une éthique pour la civilisation technologique*, trad. J. Greisch, Paris, Éditions du Cerf, « Passages », 1990.

TILLICH P., *Le Courage d'être*, trad. F. Chapey, Paris, Casterman, 1967.

QUELQUES COMMENTAIRES OU ANALYSES

BECK U., *La Société du risque, Sur la voie d'une autre modernité*, Paris, Aubier, 2001.

BERNS T., « Le maintien absolu du droit naturel chez Spinoza : ce droit de penser qu'on se réserve », in X. Dijon (dir.), *Droit naturel, relancer l'histoire*, Bruxelles, Bruylant, 2008, p. 431-452.

– *Violence de la loi à la Renaissance. L'originaire du politique chez Machiavel et Montaigne*, Paris, Kimé, 2000.

BLÉSIN L., « L'expérimentation citoyenne comme voie d'appropriation du politique. Lecture deweyenne », in

M. Maesschalck (dir.), *Éthique et gouvernance. Les enjeux actuels d'une philosophie des normes*, Hildesheim, G. Olms Verlag, 2009.

BLÉSIN L., JEANMART G. (dir.), *Figures du courage politique dans la philosophie moderne et contemporaine*, numéro thématique de la revue *Dissensus. Revue de philosophie politique de l'Université de Liège* (http://popups.ulg.ac.be/dissensus/), n° 2, automne 2009.

BODEI R., *Géométrie des passions. Peur, espoir, bonheur : de la philosophie à l'usage politique*, Paris, PUF, 1997.

DE ROMILLY J., « Réflexions sur le courage chez Thucydide et chez Platon », in *Revue des études grecques*, XCII (1980/2), n° 442-444, p. 307-323.

DUMÉZIL G., *Heur et malheur du guerrier*, Paris, Flammarion, 1985. Voir particulièrement : « Aspects mythiques de la fonction guerrière chez les Indo-européens ».

FALK W. D., « Prudence, Temperance and Courage », in J. Feinberg (dir.), *Moral Concepts*, Oxford University Press, 1969, p. 114-119.

FORTI E., *L'Émotion, la volonté et le courage*, Paris, PUF, 1952.

GAMBINO LONGO S., « La prudence du quotidien : histoire d'une vertu ambiguë de Pontano à Bruno », in P. Galand-Hallyn et C. Levy (dir.), *Vivre pour soi, vivre dans la cité de l'Antiquité à la Renaissance*, Paris, Presses Universitaires de Paris-Sorbonne, 2006.

GROS F., *Foucault. Le courage de la vérité*, Paris, PUF, 2002.
– *États de violence. Essai sur la fin de la guerre*, Paris, Gallimard, « NRF », 2006.

Hobbs A., *Plato and the Hero. Courage, Manliness and the Impersonal God,* Cambridge University Press, 2000.

Jeanmart G., « La parrhèsia socratique », in G. Jeanmart, *Généalogie de la docilité,* Paris, Vrin, 2007, p. 17-57.

Ladrière J., *Les Enjeux de la rationalité, Le défi de la science et de la technologie aux cultures,* Paris, Aubier-Montaigne/Unesco, 1977.

– « Responsabilité de la philosophie », in A.-M. Dillens (dir.), *La Philosophie dans la Cité, Hommage à Hélène Ackermans,* Bruxelles, Publications des Facultés Universitaires Saint-Louis, Bruxelles, 1997, p. 143-155.

Maesschalck M., « L'éthique de la vie face au décisionnisme moderne », in *Recherches de science religieuse,* 84/4 (1996), p. 541-558.

Matton S., « De Socrate à Nietzsche », in *Le Courage en connaissance de cause,* Paris, Autrement, 1992, p. 32-51.

Procopé J., « Quiet Christian Courage : a Topic in Clemens Alexandrinus and its Philosophical Background », in *Studia Patriśtica,* vol. 15 (1984), p. 489-494.

Ricoeur P., « Le concept de responsabilité. Essai d'analyse sémantique », in *Esprit,* 206 (1994/11), p. 28-48.

Smoes É., *Le Courage chez les Grecs, d'Homère à Ariśtote,* Bruxelles, Ousia, 1995.

– « Du mythe à la raison », in *Le Courage en connaissance de cause,* Paris, Autrement, 1992, p. 18-31.

Taminiaux J., *Le Théâtre des philosophes,* Grenoble, Jérôme Millon, 1995.

Tassin E., *Le Trésor perdu,* Paris, Payot/Rivages, 1999.

Truc G., *Assumer l'humanité, Hannah Arendt : la responsabilité face à la pluralité*, Bruxelles, Éd. de l'Ulb, 2008.

Vernant J.-P., *Problèmes de la guerre en Grèce ancienne,* Paris, Mouton, 1968.

Vernay R., « Découragement », in *Dictionnaire de Spiritualité,* Paris, Beauchesnes, 1957, col. 59-65.

Zarka Y.-C. et Ménissier T. (dir.), *Machiavel, le Prince ou le nouvel art politique,* Paris, Puf, 2001.

Achevé d'imprimer en février 2010
sur les presses de l'imprimerie Chirat
(42540 St-Just-la-Pendue),
pour le compte des Éditions Les Belles Lettres,
collection « encre marine »
selon une maquette fournie par leurs soins.
Dépôt légal : février 2010 - N° 201001 .0007
ISBN : 978-2-35088-024-2

catalogue disponible sur :
http ://www.encre-marine.com